中国語読解のコツ

本間史／張明傑

KINSEIDO

音声ファイル無料ダウンロード

http://www.kinsei-do.co.jp/download/0697

この教科書で 🎧 DL 00 の表示がある箇所の音声は、上記 URL または QR コードにて無料でダウンロードできます。自習用音声としてご活用ください。

- ▶ PC からのダウンロードをお勧めします。スマートフォンなどでダウンロードされる場合は、**ダウンロード前に「解凍アプリ」をインストール**してください。
- ▶ URL は、**検索ボックスではなくアドレスバー (URL 表示覧)** に入力してください。
- ▶ お使いのネットワーク環境によっては、ダウンロードできない場合があります。

◎ CD 00   左記の表示がある箇所の音声は、**教師用 CD** に収録されています。

はじめに

　日本人は日本語でものごとを考え、中国人は中国語で思考します。自分の意思を伝えるのに「メシ」「風呂」「寝る」のような単語一つだけで済ます人もいるようですが、ふつうは複数の単語をつなげ、文にして表現します。考えや気持ちを伝える単語の集合体である文は一定の法則、すなわち文法に基づいて構成されています。それぞれの言語にはその言語独特の文法があり、中国語を操るには中国語文の構成法を知らなくてはなりません。

　この教科書は、中国語で書かれた文を正しく読み取るための力を養成することを主眼に作製されたものです。中国語は書面語（書き言葉）と口語（話し言葉）の乖離が大きい言語であり、文章を読むにはそれなりの訓練が必要です。多くの文に触れて、体で覚える感性からの習得ももちろん大切ですが、文法知識を踏まえた理性による学習を欠かすことはできません。私たちは中国語文を読解するための重要ポイントを厳選して取り上げ、皆さんの読解力向上につなげたいという思いから本書を作りました。

　日中間の緊張が続いています。これからの日本を担う若い世代である皆さんが、中国語の力を向上させ、中国人の思考方法を知り、今後の良好な日中関係を築いて行ってほしいと私たちは願っています。

2014 年 10 月
著者

■■ 目次 ■■

第1课 日本动漫在中国 ……………………………………… 6
1 介詞フレーズ　2 結果補語　3 受身文

読解のコツ　"的"と"地"

第2课 中国的大学生 ……………………………………… 12
1 虽然〜但是…　2 「できる」の意を表す助動詞"能""会""可以"　3 除了〜以外…

読解のコツ　"了"について

第3课 网上购物 ……………………………………… 18
1 既〜又…　2 比較文　3 原因・理由を表す接続詞"因为"と"由于"

読解のコツ　書面語と口語

第4课 上下班高峰 ……………………………………… 24
1 進行・持続を表す文型　2 不得不〜　3 目的を表す接続詞"以"

読解のコツ　兼語文か連動文か

第5课 就业 ……………………………………… 30
1 一〜就…　2 否定の語気を強める副詞"并"　3 尽管〜但(是)…

読解のコツ　句読点などの記号

第6课 结婚 ……………………………………… 36
1 无论〜都(也)…　2 即使〜也…　3 状態を表す"了"

読解のコツ　動態助詞について

第 7 课　月光族 ·· 42
　　1 "把"構文　2 疑問詞の特殊な用法　3 只有〜才…
　　読解のコツ　可能補語

第 8 课　接待培训 ·· 48
　　1 持続を表す動態助詞"着"　2 疑問詞"怎么"の二つの用法　3 兼語文
　　読解のコツ　"一字多音"

第 9 课　节能环保、低碳生活 ·· 54
　　1 A是A，但是（不过）〜　2 方向補語"上"の派生的な用法　3 只要〜就…
　　読解のコツ　語と語の組み合わせ

第 10 课　情人节 ·· 60
　　1 前後の動詞句をつなげる"来"　2 二つの目的語を取る動詞　3 愈〜愈…
　　読解のコツ　文脈を読むことの大切さ

第 11 课　低头族 ·· 66
　　1 副詞"几乎"　2 介詞"由"　3 感嘆文
　　読解のコツ　副詞"就"の用法

第 12 课　春节 ·· 72
　　1 一边〜一边…　2 像（好像）〜一样（似的）　3 "〜什么的"
　　読解のコツ　離合詞

　　索引 ·· 78

第 1 课　日本 动漫 在 中国
Rìběn dòngmàn zài Zhōngguó

现在，日本 已 是 世界 公认 的 动漫 大国。日本 的
Xiànzài, Rìběn yǐ shì shìjiè gōngrèn de dòngmàn dàguó. Rìběn de

动漫 在 中国 尤其 受 欢迎。对 中国 学生 来 说，提到
dòngmàn zài Zhōngguó yóuqí shòu huānyíng. Duì Zhōngguó xuésheng lái shuō, tídào

日本，首先 就 会 想到 动漫。可以 说，动漫 早已 成为
Rìběn, shǒuxiān jiù huì xiǎngdào dòngmàn. Kěyǐ shuō, dòngmàn zǎoyǐ chéngwéi

日本 的 代名词。
Rìběn de dàimíngcí.

《铁臂阿童木》是 中国 最 早 播出 的 日本 动画，也 是
«Tiěbì Ātóngmù» shì Zhōngguó zuì zǎo bōchū de Rìběn dònghuà, yě shì

中国 引进 的 第 一 部 外国 动画 作品，影响 很 大。后来，
Zhōngguó yǐnjìn de dì yī bù wàiguó dònghuà zuòpǐn, yǐngxiǎng hěn dà. Hòulái,

《哆啦A梦》、《圣斗士 星矢》、《聪明 的 一休》等，也 都 受到
«DuōlāAmèng»、 «Shèngdòushì Xīngshǐ»、 «Cōngming de Yīxiū» děng, yě dōu shòudào

中国 观众 的 喜爱。以 这些 作品 为 契机，日本 动漫 在
Zhōngguó guānzhòng de xǐ'ài. Yǐ zhèxiē zuòpǐn wéi qìjī, Rìběn dòngmàn zài

中国 流行起来。
Zhōngguó liúxíngqǐlai.

近 十 年 来，《海贼王》、《灌篮 高手》、《棒球 英豪》、
Jìn shí nián lái, «Hǎizéiwáng»、 «Guànlán Gāoshǒu»、 «Bàngqiú Yīngháo»、

《七 龙珠》、《百变 小樱》、《名 侦探 柯南》等 动画，也 都 很
«Qī Lóngzhū»、 «Bǎibiàn Xiǎoyīng»、 «Míng zhēntàn Kēnán» děng dònghuà, yě dōu hěn

有 人气，而且 喜欢 看 的 人 越 来 越 多。据说 最近 某
yǒu rénqì, érqiě xǐhuan kàn de rén yuè lái yuè duō. Jùshuō zuìjìn mǒu

电视台 正在 播放 的《网球 王子》，收视率 很 高，甚至 在
diànshìtái zhèngzài bōfàng de «Wǎngqiú Wángzǐ», shōushìlǜ hěn gāo, shènzhì zài

新出単語

1. 动漫：「アニメーションと漫画」　2. 已：「すでに。"已经"と同じ」　3. 尤其：「とりわけ」　4. 提：「話を持ち出す」
5. 首先：「まず先に」　6. 早已：「とっくに」　7. 播：「放送する」　8. 引进：「導入する」
9. 部：「書籍や映画などを数える量詞」　10. 以：「～をもって」　11. 契机：「契機。きっかけ」
12. 海贼王：「ワンピース」　13. 灌篮高手：「スラムダンク」　14. 棒球英豪：「タッチ」　15. 七龙珠：「ドラゴンボール」
16. 百变小樱：「カードキャプターさくら」　17. 名侦探柯南：「名探偵コナン」　18. 越来越：「ますます～になる」
19. 据说：「～だそうだ」　20. 电视台：「テレビ局」　21. 播放：「放映する」　22. 网球王子：「テニスの王子様」

青少年 中 掀起²⁵ 一 股²⁶ 网球 热。
qīngshàonián zhōng xiānqǐ yì gǔ wǎngqiú rè.

随着²⁷ 日本 动画 作品 的 热 播，动漫 文化 在 中国 也
Suízhe Rìběn dònghuà zuòpǐn de rè bō, dòngmàn wénhuà zài Zhōngguó yě

有了 快速 发展。举办²⁸ 与 动漫 有关²⁹ 的 各 种 活动 已 成为
yǒule kuàisù fāzhǎn. Jǔbàn yǔ dòngmàn yǒuguān de gè zhǒng huódòng yǐ chéngwéi

一 种 时尚³⁰，如³¹ 动漫 艺术节、动漫 论坛³²、COSPLAY 秀
yì zhǒng shíshàng, rú dòngmàn yìshùjié, dòngmàn lùntán, COSPLAY xiù

等，都 大 受 欢迎，尤其 是 扮演成³³ 作品 中 某些 角色³⁴
děng, dōu dà shòu huānyíng, yóuqí shì bànyǎnchéng zuòpǐn zhōng mǒuxiē juésè

进行 的 COSPLAY 表演³⁵，水平³⁶ 越 来 越 高，每 次 都
jìnxíng de COSPLAY biǎoyǎn, shuǐpíng yuè lái yuè gāo, měi cì dōu

吸引³⁷了 不 少 观众。
xīyǐnle bù shǎo guānzhòng.

前 两 年，某 市 一些 少男 少女 因为³⁸ 打扮成 视觉系³⁹，
Qián liǎng nián, mǒu shì yìxiē shàonán shàonǚ yīnwei dǎbànchéng shìjuéxì,

成群 结队⁴⁰ 地 行走⁴¹在 闹市区⁴²，结果 被 警察 拘留，理由 是
chéngqún jiéduì de xíngzǒuzài nàoshìqū, jiéguǒ bèi jǐngchá jūliú, lǐyóu shì

破坏 市容⁴³。
pòhuài shìróng.

总之⁴⁴，日本 动漫 已 渗透⁴⁵到 中国人 的 生活 中，尤其
Zǒngzhī, Rìběn dòngmàn yǐ shèntòudào Zhōngguórén de shēnghuó zhōng, yóuqí

是 对 青少年 产生⁴⁶ 很 大 影响。
shì duì qīngshàonián chǎnshēng hěn dà yǐngxiǎng.

23 收视率：「視聴率」　24 甚至：「さらには」　25 掀起：「巻き起こす」　26 股：「ブームなどを数える量詞」
27 随着：「〜につれて」　28 举办：「開催する」　29 有关：「関係がある」　30 时尚：「流行」　31 如：「例を挙げる」
32 论坛：「論壇。フォーラム」　33 扮演：「扮する」　34 角色：「役柄」　35 表演：「演じる」　36 水平：「レベル」
37 吸引：「引きつける」　38 因为：「〜のために」　39 视觉系：「ビジュアル系」
40 成群结队：「群れをなし、隊を組む」　41 行走：「歩く」　42 闹市区：「繁華街」　43 市容：「都市の外観」
44 总之：「要するに」　45 渗透：「浸透する」　46 产生：「生み出す」

文法のポイント 🎧 DL 07　💿 CD 07

1　介詞フレーズ

「介詞＋目的語」の介詞フレーズは、その後の動詞（動詞句）を修飾する。

| 介詞 | ＋ | 目的語 | ＋ | 動詞（動詞句） |

在　　　　中国　　　　受　欢迎
zài　　　 Zhōngguó　　shòu huānyíng

对　　　　学生　　　　来　说
duì　　　 xuésheng　　 lái　shuō

以　　　 这些 作品　　为　契机
yǐ　　　 zhèxiē zuòpǐn　wéi　qìjī

確認ドリル　日本語の文になるように、単語を並べ換えなさい。

(1) 彼は家で休んでいる。

休息　他　家　在
xiūxi　tā　jiā　zài _____

(2) 私たちは彼女を模範とすべきだ。（模範：榜样 bǎngyàng）

为　应该　她　榜样　以　我们
wéi　yīnggāi　tā　bǎngyàng　yǐ　wǒmen

_____

2　結果補語

動作の結果を表すのが結果補語である。

| 動詞 | ＋ | 結果補語 |

提　　　　到　　　　　他　在　来信　中　提到　你。
tí　　　　 dào　　　　 Tā　zài　láixìn　zhōng tídào nǐ.

打扮　　　 成　　　　 过去　的　网球场　变成了　住宅楼。
dǎbàn　　 chéng　　　Guòqù de wǎngqiúchǎng biànchéngle zhùzháilóu.

確認ドリル　日本語の文になるように、単語を並べ換えなさい。

(1) 今日は第5課まで学んだ。

课　到　了　今天　第　学　五
kè　dào　le　jīntiān　dì　xué　wǔ _____

(2) 中国語に翻訳してください。（翻訳する：翻译 fānyì）

中文　成　翻译　请
Zhōngwén chéng fānyì qǐng

_____

3 受身文

"被"などの介詞を使って受身文を作ることができる。

主語 ＋ "被" ＋ 行為者 ＋ 動詞 ＋ （行為の結果）

他们　　被　　　警察　　　拘留　　了。
Tāmen　bèi　　jǐngchá　　jūliú　　le.

帽子　　让　　　风　　　　刮跑　　了。
Màozi　ràng　　fēng　　　guāpǎo　le.

確認ドリル　日本語の文になるように、単語を並べ換えなさい。

(1) 私は先生に叱られた。（叱る：批评 pīpíng）

批评　老师　了　被　我
pīpíng　lǎoshī　le　bèi　wǒ　_____

(2) 彼は代表に選ばれた。

代表　被　为　他　选
dàibiǎo　bèi　wéi　tā　xuǎn　_____

読解のコツ　"的"と"地"

名詞を修飾・説明するときには、"世界公认的动漫大国"のように助詞"的"を名詞の前に置く。文章のタイトルなど簡潔な表現では、"日本动漫"のように"的"を省略することもある。"的"が名詞を修飾することを知っていれば、"受到中国观众的喜爱"の"喜爱"は名詞で、動詞"受到"の目的語であることが分かる。

動詞を修飾・説明するときには、"成群结队地行走"のように助詞"地"を動詞の前に置く。しかし、単音節の形容詞が修飾語となる場合には、"快走"のように"地"を付けない。"的"と"地"の使い分けは文の構造を理解する目印になるので注意しよう。

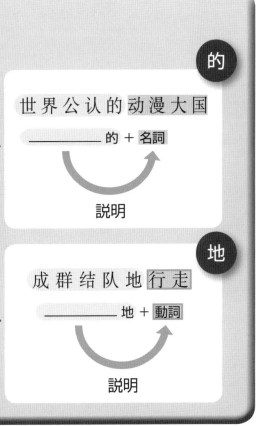

練習問題

1 本文の内容に合うものは、どれでしょう。

① 中国学生不太喜欢日本动漫。

② 《网球王子》是中国最早播出的日本动画。

③ 有一些中国青年人打扮成动漫作品中的角色进行了ＣＯＳＰＬＡＹ表演。

④ 日本动漫还没有渗透到中国人的生活中。

2 次の文の空欄を埋めるのに適当なものは、どれでしょう。

⑴ 他（　　　）学校是一个很有名的学生。

⑵ 这件事（　　　）他没有关系。

⑶ 日本的动漫（　　　）中国的青少年有很大影响。

⑷ 听说他的日元都换（　　　）美元了。

　　　　　① 对　　② 在　　③ 与　　④ 从　　⑤ 成　　⑥ 到

3 （　）には"的""地"のどちらが入るでしょう。

① 孩子们高高兴兴（　　　）跳舞。

② 喜欢动漫（　　　）人非常多。

③ 这是现在很受欢迎（　　　）衣服。

④ 他很认真（　　　）学习。

4 質問を聞き取り、（　）を埋め、本文の内容に即して答えましょう。

① 質問　中国引进的（　　　）外国动画作品（　　　）？

　　答え　_____

② 質問　《网球王子》（　　　）收视率（　　　）？

　　答え　_____

③ 質問　与动漫（　　　）的活动有（　　　）活动？

　　答え　_____

④ 質問　打扮成视觉系的（　　　）被警察拘留，（　　　）是什么？

　　答え　_____

第2课　中国 的 大学生
Zhōngguó de dàxuéshēng

中国 的 大学生 一般¹ 都 住在 学生 宿舍。通常² 一个
Zhōngguó de dàxuéshēng yìbān dōu zhùzài xuéshēng sùshè. Tōngcháng yí ge

房间 住 四 到 六 个 人，也 有 住 七 八 个 人 的 大
fángjiān zhù sì dào liù ge rén, yě yǒu zhù qī bā ge rén de dà

房间。这样 的 住校³ 生活 虽然⁴ 也 有 不 方便 的 地方，
fángjiān. Zhèyàng de zhùxiào shēnghuó suīrán yě yǒu bù fāngbiàn de dìfang,

但是 好处⁵ 很 多。首先，可以 节省⁶ 每 天 上学⁷ 花费⁸ 在 路上
dànshì hǎochù hěn duō. Shǒuxiān, kěyǐ jiéshěng měi tiān shàngxué huāfèizài lùshang

5 的 时间，作息⁹ 时间 也 有 规律¹⁰，早晨 起床 后 可以 锻炼
de shíjiān, zuòxī shíjiān yě yǒu guīlǜ, zǎochen qǐchuáng hòu kěyǐ duànliàn

身体，也 可以 朗读 所¹¹ 学 外语，晚上 还 可以 去 教室 或
shēntǐ, yě kěyǐ lǎngdú suǒ xué wàiyǔ, wǎnshang hái kěyǐ qù jiàoshì huò

图书馆 学习。周末 几 个 同屋¹² 室友¹³ 一起 去 看 电影、唱
túshūguǎn xuéxí. Zhōumò jǐ ge tóngwū shìyǒu yìqǐ qù kàn diànyǐng, chàng

卡拉OK¹⁴ 等。同时，又 能 锻炼 和 提高¹⁵ 学生 的 集体¹⁶ 生活
kǎlā OK děng. Tóngshí, yòu néng duànliàn hé tígāo xuésheng de jítǐ shēnghuó

能力。
nénglì.

10 多 年 来，中国 一直¹⁷ 实行 计划 生育¹⁸ 政策，一 个 家庭
Duō nián lái, Zhōngguó yìzhí shíxíng jìhuà shēngyù zhèngcè, yí ge jiātíng

一般 只 有 一 个 孩子。现在 的 大学生 基本上 都 是 独生
yìbān zhǐ yǒu yí ge háizi. Xiànzài de dàxuéshēng jīběnshang dōu shì dúshēng

子女¹⁹，在 上 大学 之前，很 少 有 与 同学 吃 住 在 一起
zǐnǚ, zài shàng dàxué zhīqián, hěn shǎo yǒu yǔ tóngxué chī zhù zài yìqǐ

的 集体 生活 经历²⁰，我行 我素²¹ 的 学生 也 不 少。对于 住校
de jítǐ shēnghuó jīnglì, wǒxíng wǒsù de xuésheng yě bù shǎo. Duìyú zhùxiào

新出単語

1 一般：「普通である」　2 通常：「通常の」　3 住校：「学校の寮に住む」　4 虽然：「〜だけれども」
5 好处：「よいところ。利点」　6 节省：「節約する」　7 上学：「通学する」　8 花费：「費やす」
9 作息：「仕事（学習）と休憩」　10 规律：「規則正しい」　11 所：「〜するところの」　12 同屋：「ルームメート」
13 室友：「"同屋"と同じ」　14 卡拉OK：「カラオケ」　15 提高：「高める」　16 集体：「集団」　17 一直：「ずっと」
18 计划生育：「計画出産」　19 独生子女：「一人っ子」　20 经历：「経験」
21 我行我素：「自分のやり方を押し通す」　22 刚：「〜したばかり」

集体 生活，不 少 学生 刚 开始 有些 不 习惯，甚至 出现
jítǐ shēnghuó, bù shǎo xuésheng gāng kāishǐ yǒuxiē bù xíguàn, shènzhì chūxiàn

15 因为 一点儿 小事，与 同屋 发生 矛盾 的 情况。不过，时间
yīnwei yìdiǎnr xiǎoshì, yǔ tóngwū fāshēng máodùn de qíngkuàng. Búguò, shíjiān

长 了，慢慢儿 就 会 适应下来，而且 在 不知 不觉 中 磨练
cháng le, mànmānr jiù huì shìyìngxiàlai, érqiě zài bùzhī bùjué zhōng móliàn

了 自己，增强了 自身 的 协调 能力。
le zìjǐ, zēngqiángle zìshēn de xiétiáo nénglì.

除了 上课 以外，有的 学生 还 外出 打工，有的 学生 参加
Chúle shàngkè yǐwài, yǒude xuésheng hái wàichū dǎgōng, yǒude xuésheng cānjiā

社团 活动。学生们 认为 打工 或 参加 志愿者 活动 等，可以
shètuán huódòng. Xuéshengmen rènwéi dǎgōng huò cānjiā zhìyuànzhě huódòng děng, kěyǐ

20 增长 见识，积累 社会 经验，对 今后 的 就业 和 工作 有
zēngzhǎng jiànshi, jīlěi shèhuì jīngyàn, duì jīnhòu de jiùyè hé gōngzuò yǒu

帮助。
bāngzhù.

23 不过「しかし」　24 适应下来「慣れてくる」　25 而且「しかも」　26 不知不觉「知らず知らず」
27 磨练「鍛える」　28 除了「～を除いて」　29 外出「外出する」　30 社团活动「サークルや社会的活動」
31 认为「～と考える」　32 志愿者「ボランティア」　33 增长「増やす」　34 帮助「助ける」

文法のポイント　DL 12　CD 12

1　虽然～但是…

「～だけれども、しかし…」という逆説関係を表す。

虽然 也 有 不 方便 的 地方，但是 好处 很 多。
Suīrán yě yǒu bù fāngbiàn de dìfang, dànshì hǎochù hěn duō.

確認ドリル　日本語の文になるように、単語を並べ換えなさい。

(1) この薬は高いけれども、効き目がない。（効き目がある：管用）

管用　很　但是　种　不　贵　这　虽然　药
guǎnyòng hěn dànshì zhǒng bù guì zhè suīrán yào

_____

(2) 祖母はもう80歳だけれども、体はまだ丈夫です。（丈夫である：结实 jiēshi）

还　已经　很　我奶奶　结实　了　但是　八十　身体　虽然　岁
hái yǐjīng hěn wǒ nǎinai jiēshi le dànshì bāshí shēntǐ suīrán suì

_____

2　「できる」の意を表す助動詞 "能" "会" "可以"

"能"：能力や条件を備えているので「できる」。

我 不 能 判断。
Wǒ bù néng pànduàn.

"会"：練習した結果「できる」。

你 会 游泳 吗？
Nǐ huì yóuyǒng ma?

"可以"：条件が備わっていて、あるいは許可されて「できる」。

坐 电车 去 可以 节省 时间。
Zuò diànchē qù kěyǐ jiéshěng shíjiān.

確認ドリル　日本語の文になるように、単語を並べ換えなさい。

(1) あなたは中国語の新聞が読めますか。

中文报　看　吗　能　你
Zhōngwénbào kàn ma néng nǐ

_____

(2) あなたの辞典を借りてもいいですか。

你　借　吗　词典　的　可以
nǐ jiè ma cídiǎn de kěyǐ

_____

3 除了～以外…

「～のほかに…」「～以外…」という意味を表す。

除了 上课 以外，有的 学生 还 打工。
Chúle shàngkè yǐwài, yǒude xuésheng hái dǎgōng.

確認ドリル 日本語の文になるように、単語を並べ換えなさい。

(1) 中国語のほかに、彼女は英語も話せる

会　　以外　　英语　　汉语　　说　　还　　除了　　她
huì　yǐwài　Yīngyǔ　Hànyǔ　shuō　hái　chúle　tā

_____

(2) 美術館は月曜日以外は毎日開いている。

都　　星期一　　开放　　以外　　每天　　除了　　美术馆
dōu　xīngqīyī　kāifàng　yǐwài　měi tiān　chúle　měishùguǎn

_____

読解のコツ　"了"について

"时间长了，慢慢儿就会适应下来，而且在不知不觉中磨练了自己。"この文の中には"了"が二つ使われている。"时间长了"の"了"は変化の意味を表す語気助詞であり、"磨练了自己"の"了"は動作の完了を表す動態助詞である。ことがらの完了や変化を表す語気助詞の"了"は、後に目的語が付くことはない。動詞の後に付いてその動作の完了を表す動態助詞の"了"の後には、通常目的語が付いている。中国語を母語とする人にとっては、"了"は一つなのであろうが、外国語として学ぶ者には"了"を二つに分けるほうが学びやすい。

"了"が**動詞**と**目的語**を**繋ぐ**

動詞 ── 了 ── 目的語

"了"が**文末**に来て**文**を**止める**

时间长了　STOP!

練習問題

1 本文の内容に合うものは、どれでしょう。

① 中国大学生一般都住在自己的家里。

② 住校生活对学生一点儿好处也没有。

③ 现在的大学生大多在上大学之前已经有集体生活经历。

④ 学生们认为打工对今后的就业有帮助。

2 次の文の空欄を埋めるのに適当なものは、どれでしょう。

(1) 他（　　）学了一年汉语，（　　）一点儿也不会说。

(2) 我们班（　　）我（　　），大家（　　）参加了志愿者活动。

(3) （　　）他家离公司很远，（　　）每天花在路上的时间很多。

(4) 我的朋友（　　）在餐馆儿打工，（　　）在便利店打工。

① 除了～以外，都…　　② 虽然～但是…　　③ 不但～而且…
④ 因为～所以…　　　　⑤ 有的～有的…　　⑥ 如果～就…

3 日本語の文になるように、単語を並べ換えなさい。

① 昨日私はある映画を見た。

电影　　昨天　　个　　了　　看　　我　　一
diànyǐng　zuótiān　ge　le　kàn　wǒ　yī

② あなたの風邪はよくなりましたか。
了　　的　　吗　　感冒　　你　　好
le　　de　　ma　　gǎnmào　nǐ　　hǎo

_____

③ 母はたくさん買い物をした。
东西　　很　　了　　妈妈　　多　　买
dōngxi　hěn　　le　　māma　　duō　　mǎi

_____

④ 空が明るくなったら私たちは出発します。
出发　　了　　我们　　亮　　就　　天
chūfā　　le　　wǒmen　liàng　jiù　　tiān

_____

4 質問を聞き取り、（　）を埋め、本文の内容に即して答えましょう。

① 質問　住校生活能（　　　）什么（　　　）？

　　答え _____

② 質問　一家（　　　）一个孩子，这样的孩子（　　　）什么？

　　答え _____

③ 質問　对住校集体生活（　　　）学生刚（　　　）的时候怎么样？

　　答え _____

④ 質問　外出打工（　　　）积累什么（　　　）？

　　答え _____

第3课　网上 购物¹
　　　　wǎngshàng gòuwù

中国　人口　多，网民² 也　多。随着　互联网³ 的　普及，越
Zhōngguó rénkǒu duō, wǎngmín yě duō. Suízhe hùliánwǎng de pǔjí, yuè
来　越　多　的　人　认识⁴到"网上　订货⁵，送　货　上　门"的　方便，
lái yuè duō de rén rènshidào "wǎngshàng dìnghuò, sòng huò shàng mén" de fāngbiàn,
纷纷⁶ 加入到　网购⁷ 的　行列。一　大批⁸ 购物　网站⁹ 也　应运¹⁰ 而
fēnfēn jiārùdào wǎnggòu de hángliè. Yí dàpī gòuwù wǎngzhàn yě yìngyùn ér
生，如"当当网"、"淘宝网"等　早已　为　网民　所¹¹ 熟知¹²。
shēng, rú "Dāngdāngwǎng"、"Táobǎowǎng" děng zǎoyǐ wéi wǎngmín suǒ shúzhī.

5　　如今¹³ 在　中国，网上　购物　已　成为　一　种　潮流，对　消费
　　Rújīn zài Zhōngguó, wǎngshàng gòuwù yǐ chéngwéi yì zhǒng cháoliú, duì xiāofèi
市场　产生着　极　大　影响。从　年龄层　来　看，喜欢　网上　购物
shìchǎng chǎnshēngzhe jí dà yǐngxiǎng. Cóng niánlíngcéng lái kàn, xǐhuan wǎngshàng gòuwù
的　人　以　年轻人　为　主。对　年轻人　来　说，通过¹⁴ 网络，可以
de rén yǐ niánqīngrén wéi zhǔ. Duì niánqīngrén lái shuō, tōngguò wǎngluò, kěyǐ
做到　在　家"逛¹⁵ 商店"，既　省　时¹⁶，又　省¹⁷ 力，而且　还　能　买到
zuòdào zài jiā "guàng shāngdiàn", jì shěng shí, yòu shěng lì, érqiě hái néng mǎidào
物美价廉¹⁸ 的　商品。因为　网上　销售¹⁹ 经营　成本²⁰ 低，商品　价格
wù měi jià lián de shāngpǐn. Yīnwei wǎngshàng xiāoshòu jīngyíng chéngběn dī, shāngpǐn jiàgé
10　一般　都　会　比　商场²¹ 的　同类　商品　便宜，尤其　是　图书、影像²²
yìbān dōu huì bǐ shāngchǎng de tónglèi shāngpǐn piányi, yóuqí shì túshū, yǐngxiàng
制品　类，大多²³ 都　比　书店　里　便宜　得　多。在　中国　逛　书店
zhìpǐn lèi, dàduō dōu bǐ shūdiàn li piányi de duō. Zài Zhōngguó guàng shūdiàn
时，常常　会　发现　顾客　不　多　的　情况。这　也　与　人们　习惯
shí, chángcháng huì fāxiàn gùkè bù duō de qíngkuàng. Zhè yě yǔ rénmen xíguàn
在　网上　购　书　有关。
zài wǎngshàng gòu shū yǒuguān.

新出単語

1 网上购物：「ネット・ショッピング」　² 网民：「インターネット・ユーザー」　³ 互联网：「インターネット」
⁴ 认识：「認識する。知る」　⁵ 订货：「（商品を）注文する」　⁶ 纷纷：「続々と」　⁷ 网购：「"网上购物"の略」
⁸ 大批：「大量の。多数の」　⁹ 网站：「サイト」　¹⁰ 应运：「時勢に順応する」　¹¹ 为～所…：「～によって…される」
¹² 熟知：「熟知する」　¹³ 如今：「今」　¹⁴ 通过：「～を通じて」　¹⁵ 逛：「ぶらぶらする」
¹⁶ 既～又…：「～でもあり…でもある」　¹⁷ 省：「省く。節約する」　¹⁸ 物美价廉：「品物が良くて値段が安い」
¹⁹ 销售：「販売する」　²⁰ 成本：「コスト」　²¹ 商场：「マーケット。店」　²² 影像：「映像」　²³ 大多：「大部分。大体」

不过，网上购物由于历史较短，加上缺乏相应的法规和管理，问题还很多。如虚假广告、支付纠纷、配送不及时、退货不方便等，都是消费者投诉较多的突出问题。因此，中国工商总局制定并颁布了《网络交易管理办法》，自2014年3月15日起施行，其中规定网购商品七天内可无理由退货。

24 由于：「～により。～なので」　25 加上：「加えて。さらに」　26 缺乏：「不足する」
27 相应：「相応する。ふさわしい」　28 虚假：「うその。ニセの」　29 支付：「支払う」　30 纠纷：「もめごと」
31 配送：「配送する」　32 及时：「適時に」　33 退货：「返品する」　34 投诉：「クレームをつける」
35 较：「比較的」　36 突出：「際立っている」　37 因此：「それゆえ」　38 颁布：「公布する」　39 自～起：「～から」

文法のポイント

1 既～又…

「～でもあり…でもある」という並列関係を表す。

网上　购物　既　省　时，又　省　力。
Wǎngshàng gòuwù jì shěng shí, yòu shěng lì.

確認ドリル　日本語の文になるように、単語を並べ換えなさい。

(1) 彼らは友達でもあり、ライバルでもある。(ライバル：対手)

是　是　又　对手　他们　既　朋友
shì shì yòu duìshǒu tāmen jì péngyou

(2) このモモは大きくて、甘い。

又　这个　甜　大　既　桃儿
yòu zhèige tián dà jì táor

2 比較文

A ＋ "比" ＋ B ＋ ～ （AはBより～だ）

商品　价格　比　商场　的　同类　商品　便宜。
Shāngpǐn jiàgé bǐ shāngchǎng de tónglèi shāngpǐn piányi.

这　种　电脑　比　那　种　贵　一万　日元。
Zhè zhǒng diànnǎo bǐ nà zhǒng guì yíwàn rìyuán.

確認ドリル　日本語の文になるように、単語を並べ換えなさい。

(1) 北京は東京より少し暑い。

东京　一点儿　北京　热　比
Dōngjīng yìdiǎnr Běijīng rè bǐ

(2) このコートはあれよりずっと高い。

比　多　件　那　大衣　件　这　得　贵
bǐ duō jiàn nà dàyī jiàn zhè de guì

3 原因・理由を表す接続詞 "因为" と "由于"

因为 网上 销售 成本 低，商品 价格 较 便宜。
Yīnwei wǎngshàng xiāoshòu chéngběn dī, shāngpǐn jiàgé jiào piányi.

由于 历史 较 短，问题 还 很 多。
Yóuyú lìshǐ jiào duǎn, wèntí hái hěn duō.

確認ドリル 日本語の文になるように、単語を並べ換えなさい。

(1) 仕事が忙しいので、彼は出席できない。

参加 很 工作 能 因为 不 忙 他
cānjiā hěn gōngzuò néng yīnwei bù máng tā

(2) 事故が起きたので、彼女は遅刻した。

迟到 事故 了 由于 她 发生
chídào shìgù le yóuyú tā fāshēng

読解のコツ 書面語と口語

"网上购物已成为一种潮流"の"已"や"历史较短"の"较"など1音節の副詞は書面語（書き言葉）として用いられる。口語（話し言葉）だと"已"は"已经"、"较"は"比较"のように2音節の語になる。また、"便"も書面語の副詞で、"十年前我们便认识了。"（10年前にもう私たちは知り合った）のように用いられ、口語の"就"と同じ意味である。副詞以外の品詞にも書面語は用いられる。本文中に出て来る"为网民所熟知"の"为"や"自2014年3月15日起"の"自"はそれぞれ"被"および"从"の意味を表す書面語の介詞である。現代中国語でしばしば現れる書面語の用法にも注意が必要である。

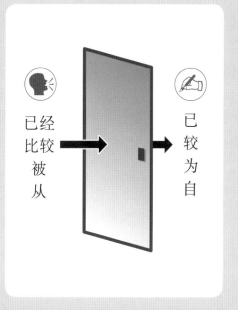

練習問題

1 本文の内容と合うものは、どれでしょう。

① 随着互联网的普及，购物网站也越来越多。

② 在中国网上购物对消费市场影响不大。

③ 网上购物商品价格一般比商场的商品贵。

④ 网上购物一点儿问题都没有。

2 次の文の空欄を埋めるのに適当なものは、どれでしょう。

(1)（　　）奥运会的到来，东京的交通状况正在发生变化。

(2) 买这样的书不用去书店，（　　）网络就能订购。

(3) 我因为住在学校附近，（　　）平时上学很方便。

(4)（　　）管理不好，网上购物常常出现问题。

　　　① 而且　　② 所以　　③ 通过　　④ 随着　　⑤ 由于　　⑥ 不过

3　次の文の（　）に"已、较、自、便"のいずれかを入れなさい。

① 从车站到学校五分钟（　　　）到。

② 本条例（　　　）1月1日起生效。

③ 他近来学习进步（　　　）快。

④ 人（　　　）到齐了。

4　質問を聞き取り、（　）を埋め、本文の内容に即して答えましょう。

① 質問　中国的（　　　）网站有（　　　）？

　　答え　_____

② 質問　网上购物对消费市场（　　　）什么样的（　　　）？

　　答え　_____

③ 質問　（　　　）网上购物价格（　　　）？

　　答え　_____

④ 質問　《网络交易管理办法》规定网购商品（　　　）内可以无理由（　　　）？

　　答え　_____

第4课 上下班¹高峰²
shàngxiàbān gāofēng

北京 的 人口 已经 超过³ 两千万，而且 还 在 增加，城市⁴
Běijīng de rénkǒu yǐjīng chāoguò liǎngqiānwàn, érqiě hái zài zēngjiā, chéngshì
交通难 问题 也 一直 非常 突出。尤其 是 上下班 高峰期，道路
jiāotōngnán wèntí yě yìzhí fēicháng tūchū. Yóuqí shì shàngxiàbān gāofēngqī, dàolù
堵车⁵ 已 是 家常 便饭⁶，地铁、公交车⁷ 等 也 十分⁸ 拥挤⁹，给 人们
dǔchē yǐ shì jiācháng biànfàn, dìtiě, gōngjiāochē děng yě shífēn yōngjǐ, gěi rénmen
的 出行¹⁰ 带来 很 多 不便。甚至 有 人 说，在 北京，"开 车
de chūxíng dàilai hěn duō búbiàn. Shènzhì yǒu rén shuō, zài Běijīng, "Kāi chē
5 不如¹¹ 坐 车，坐 车 不如 骑 车"。
bùrú zuò chē, zuò chē bùrú qí chē".
的确¹²，如果¹³ 遇到¹⁴ 交通 堵塞¹⁵ 问题，开 车 既 没有 时间
Díquè, rúguǒ yùdào jiāotōng dǔsè wèntí, kāi chē jì méiyǒu shíjiān
保证，又 不 利于¹⁶ 环保¹⁷，就 不如 利用 公共 交通¹⁸ 工具 了。
bǎozhèng, yòu bú lìyú huánbǎo, jiù bùrú lìyòng gōnggòng jiāotōng gōngjù le.
但是，坐 电车 等 又 不 得 不¹⁹ 饱 受 拥挤 之 苦，所以，
Dànshì, zuò diànchē děng yòu bù dé bù bǎo shòu yōngjǐ zhī kǔ, suǒyǐ,
还是 骑 自行车 更 方便。不过，话 说回来，骑 自行车 也 有
háishi qí zìxíngchē gèng fāngbiàn. Búguò, huà shuōhuílai, qí zìxíngchē yě yǒu
10 路程²⁰ 远 近 和 天气 情况 等 问题。
lùchéng yuǎn jìn hé tiānqì qíngkuàng děng wèntí.
近年 来，北京 市 大力²¹ 发展²² 城市 公共 交通，新 建了 一些
Jìnnián lái, Běijīng Shì dàlì fāzhǎn chéngshì gōnggòng jiāotōng, xīn jiànle yīxiē
地铁、轻轨 电车²³ 线路²⁴，同时 增加 公交车 线路 和 乘车点²⁵，以²⁶
dìtiě, qīngguǐ diànchē xiànlù, tóngshí zēngjiā gōngjiāochē xiànlù hé chéngchēdiǎn, yǐ
方便 人们 出行。另外 为了²⁷ 减轻²⁸ 汽车 带来 的 大气 污染 问题，
fāngbiàn rénmen chūxíng. Lìngwài wèile jiǎnqīng qìchē dàilai de dàqì wūrǎn wèntí,

新出単語

¹ 上下班：「出退勤する」　² 高峰：「ピーク」　³ 超过：「超える」　⁴ 城市：「都市」
⁵ 堵车：「(車が)渋滞する」　⁶ 家常便饭：「日常茶飯事」　⁷ 公交车：「路線バス」　⁸ 十分：「とても」
⁹ 拥挤：「混み合う」　¹⁰ 出行：「出かける」　¹¹ 不如：「〜のほうがよい」　¹² 的确：「確かに」　¹³ 如果：「もし」
¹⁴ 遇到：「出くわす」　¹⁵ 堵塞：「渋滞する」　¹⁶ 利于：「〜にとって利がある」　¹⁷ 环保：「環境保護。"环境保护"の略」
¹⁸ 交通工具：「交通機関」　¹⁹ 不得不：「〜せざるを得ない」　²⁰ 路程：「道のり」　²¹ 大力：「大いに力を入れて」
²² 发展：「発展させる」　²³ 轻轨电车：「ライトレールトランジット。路面電車など」　²⁴ 线路：「路線」

采取(29) 汽车 限 购 政策，即(30) 每年 限定 新车 增加 数量，以
cǎiqǔ qìchē xiàn gòu zhèngcè, jí měi nián xiàndìng xīn chē zēngjiā shùliàng, yǐ

"摇号(31)" 方式，决定 可购买者 人选。当然，希望 买 车 的 人 多，
"yáohào" fāngshì, juédìng kěgòumǎizhě rénxuǎn. Dāngrán, xīwàng mǎi chē de rén duō,

而(32) 政府 规定 的 购买 数量 又 有限(33)，这样 就 有 很 多 人
ér zhèngfǔ guīdìng de gòumǎi shùliàng yòu yǒuxiàn, zhèyàng jiù yǒu hěn duō rén

有 钱 也 无法(34) 买 车。目前(35)，中国 不 少 大 城市 采取 这 种
yǒu qián yě wúfǎ mǎi chē. Mùqián, Zhōngguó bù shǎo dà chéngshì cǎiqǔ zhè zhǒng

办法，限制 汽车 的 猛 增。
bànfǎ, xiànzhì qìchē de měng zēng.

这 种 抽签(36) 买 车 的 方式，虽然 不 太 合理(37)，但 也 是
Zhè zhǒng chōuqiān mǎi chē de fāngshì, suīrán bú tài hélǐ, dàn yě shì

没有 办法 的 办法。
méiyǒu bànfǎ de bànfǎ.

25 乘车点：「乗り場。駅」 26 以：「それによって〜する」 27 为了：「〜のために」 28 减轻：「軽減する」
29 采取：「取る」 30 即：「すなわち」 31 摇号：「番号による抽選」 32 而：「しかし。そして」
33 有限「限りがある」 34 无法：「〜するすべがない」 35 目前：「現在」 36 抽签：「抽選する」
37 合理：「合理的である」

文法のポイント 🎧 DL23 💿 CD23

1 進行・持続を表す文型

主語 ＋ "正" ＋ 動詞 ＋ （目的語） ＋ （"呢"）
　　　　"在"
　　　　"正在"

他　　正在　　打　　电话　　　　呢。

確認ドリル 日本語の文になるように、単語を並べ換えなさい。

(1) 私は友達にメールを出しているところです。

短信　朋友　呢　在　发　我　给
duǎnxìn péngyou ne zài fā wǒ gěi

(2) 電話のベルがずっと鳴っている。

在　电话铃　响　一直
zài diànhuàlíng xiǎng yìzhí

2 不得不〜

「〜せざるを得ない」という意味を表す二重否定の言い方。

坐　电车　等　又　不　得　不　饱　受　拥挤　之　苦。
Zuò diànchē děng yòu bù dé bù bǎo shòu yōngjǐ zhī kǔ.

確認ドリル 日本語の文になるように、単語を並べ換えなさい。

(1) 彼は自分の過ちを認めざるを得なかった。

错误　不得不　的　他　承认　自己
cuòwù bù dé bù de tā chéngrèn zìjǐ

(2) 仕事が終わっていないので、私は残業せざるを得ない。

完成　不得不　没　工作　加班　我
wánchéng bù dé bù méi gōngzuò jiābān wǒ

3 目的を表す接続詞 "以"

"以"の後の動詞句で述べられていることが、"以"の前の動詞句が述べていることの目的であることを表す。

增加　公交车　线路，以　方便　人们　出行。
Zēngjiā gōngjiāochē xiànlù, yǐ fāngbiàn rénmen chūxíng.

確認ドリル　日本語の文になるように、単語を並べ換えなさい。

(1) 彼女は中国語の放送を聞くことによって、リスニングのレベルを上げている。

以　汉语　听　水平　她　提高　广播　听力
yǐ Hànyǔ tīng shuǐpíng tā tígāo guǎngbō tīnglì

(2) 私たちは顧客の意見を広く聞いて、彼らのニーズに応えなくてはならない。

（広く求める：征求 zhēngqiú）

他们　意见　的　的　顾客　以　我们　满足　要　征求　需要
tāmen yìjiàn de de gùkè yǐ wǒmen mǎnzú yào zhēngqiú xūyào

読解のコツ　兼語文か連動文か

　一つの文の中に二つ以上の動詞が使われている文は、その複雑な構造を理解するのが比較的難しい。前の動詞の目的語と後の動詞の主語を兼ねる語、すなわち兼語を含む文を兼語文という。本文中の"这样就有很多人有钱也无法买车。"の"很多人"はその前にある動詞"有"の目的語であり、後にある"有钱也无法买车。"という述語の主語となっているから、この文は兼語文である。しかし、"我有一个问题要问你。"という文は、同じく前の動詞に"有"が使われていても兼語文ではなく、連動文である。この文で"一个问题"は"有"の目的語であるが、"要问你"は述語ではなく、どのような質問なのかを後から説明しているのである。前の動詞が"有"である連動文は、意味上において"有"の目的語は後の動詞句が表す動作の対象になっている。この種の文は否定文にもよく使われ、"我没有活儿干。"（私にはする仕事がない）のように表現する。

練習問題

1 本文の内容に合うものは、どれでしょう。

① 北京交通问题基本上都解决了。

② 在北京出行开车最方便。

③ 近年来北京市为了方便人们出行，新建了一些地铁、轻轨电车线路。

④ 抽签买车的方式很合理。

2 次の文の空欄を埋めるのに適当なものは、どれでしょう。

(1) (　　) 提高英语听力水平，他每天都听英文广播。

(2) 今天太晚了，(　　) 明天 (　　) 打电话吧。

(3) 外面下着雨，(　　) 刮着风，今天 (　　) 不外出了。（刮风 guāfēng：風が吹く）

(4) 抽签买车听起来很好笑，但这 (　　) 是没有办法的办法。
（好笑 hǎoxiào：おかしい）

　　① 也　　② 又　　③ 就　　④ 再　　⑤ 为了　　⑥ 还是

3 日本語の文になるように、単語を並べ換えなさい。

① 外で誰かがあなたを呼んでいる。
　　人　　你　　有　　招呼　　外边
　　rén　　nǐ　　yǒu　　zhāohu　　wàibian

② 彼には頭のよい姉がいる。
姐姐　有　聪明　个　他　一　很
jiějie　yǒu　cōngming　ge　tā　yī　hěn

_____

③ あなたに話したいことがあります。
话　说　要　你　我　跟　有
huà　shuō　yào　nǐ　wǒ　gēn　yǒu

_____

④ 彼は映画を見る時間がない。
时间　电影　他　看　没有
shíjiān　diànyǐng　tā　kàn　méiyǒu

_____

4 質問を聞き取り、（　）を埋め、本文の内容に即して答えましょう。

① 質問　北京的（　　）有（　　）？

　　答え　_____

② 質問　堵车（　　）开车和骑自行车哪个（　　）？

　　答え　_____

③ 質問　北京市（　　）发展公共交通，（　　）建了什么？

　　答え　_____

④ 質問　中国大城市（　　）的人都能（　　）吗？

　　答え　_____

第5课 就业
jiùyè

在 中国，不 少 大学生 从 一 入学 就¹ 开始 思考 毕业 后
Zài Zhōngguó, bù shǎo dàxuéshēng cóng yí rùxué jiù kāishǐ sīkǎo bìyè hòu

的 去向³ 问题。一般 来 说，大学生 毕业 后 主要 有 三 种
de qùxiàng wèntí. Yìbān lái shuō, dàxuéshēng bìyè hòu zhǔyào yǒu sān zhǒng

选择，一 是 就业，二 是 考⁴ 研究生⁵，三 是 出国 留学。当然，
xuǎnzé, yī shì jiùyè, èr shì kǎo yánjiūshēng, sān shì chūguó liúxué. Dāngrán,

大部分 学生 还是 选择 就业。
dàbùfen xuésheng háishi xuǎnzé jiùyè.

5　但是，找 工作 并⁶ 不 容易。因为 多 年 来，一直 是
Dànshì, zhǎo gōngzuò bìng bù róngyì. Yīnwei duō nián lái, yìzhí shì

毕业生 多，而 用人⁷ 单位⁸ 少，就业难 问题 十分 突出。学生们
bìyèshēng duō, ér yòngrén dānwèi shǎo, jiùyènán wèntí shífēn tūchū. Xuéshengmen

之间 甚至 流行着 这么 一 句⁹ 话："毕业＝失业"。据¹⁰ 统计，2014
zhījiān shènzhì liúxíngzhe zhème yí jù huà: "Bìyè děngyú shīyè". Jù tǒngjì, èrlíngyīsì

年 有 727 万 毕业生，加上 过去¹¹ 一 年 尚¹² 未¹³ 就业 的 人，
nián yǒu qībǎi'èrshíqī wàn bìyèshēng, jiāshàng guòqù yì nián shàng wèi jiùyè de rén,

总体¹⁴ 超过 800 万，就业 形势¹⁵ 依然¹⁶ 很 严峻¹⁷。
zǒngtǐ chāoguò bābǎi wàn, jiùyè xíngshì yīrán hěn yánjùn.

10　选择 职业 时，学生们 通常 比较 关心¹⁸ 的 是 工资¹⁹、工作
Xuǎnzé zhíyè shí, xuéshengmen tōngcháng bǐjiào guānxīn de shì gōngzī, gōngzuò

环境 和 自我²⁰ 发展 空间²¹。因此，政府 机关、事业 单位、大型
huánjìng hé zìwǒ fāzhǎn kōngjiān. Yīncǐ, zhèngfǔ jīguān, shìyè dānwèi, dàxíng

国有 企业、外资 企业 等 仍²² 是 学生们 择业²³ 时 的 首选²⁴。尤其
guóyǒu qǐyè, wàizī qǐyè děng réng shì xuéshengmen zéyè shí de shǒuxuǎn. Yóuqí

是 政府 机关 的 公务员，工作 稳定²⁵，又 有 社会 地位，很 受
shì zhèngfǔ jīguān de gōngwùyuán, gōngzuò wěndìng, yòu yǒu shèhuì dìwèi, hěn shòu

新出単語

1 一～就…：「～すると、すぐに…」　2 思考：「考える」　3 去向：「進路」　4 考：「試験を受ける」
5 研究生：「大学院生」　6 并：「決して」　7 用人：「雇用する」　8 单位：「職場」　9 句：「言葉や文を数える量詞」
10 据：「～による」　11 过去：「過去。以前」　12 尚：「まだ」　13 未：「まだ～していない」　14 总体：「全体」
15 形势：「情勢」　16 依然：「依然として」　17 严峻：「厳しい」　18 关心：「関心を持つ」　19 工资：「賃金」
20 自我：「自分で」　21 空间：「余地」　22 仍：「依然として。やはり」　23 择业：「職業を選択する」
24 首选：「最初に選ぶ」　25 稳定：「安定している」　26 青睐：「好む。気に入る」　27 尽管：「～ではあるが」

学生　青睐。尽管　公务员　考试　难度　非常　大，但　仍然　吸引着
xuésheng qīnglài. Jǐnguǎn gōngwùyuán kǎoshì nándù fēicháng dà, dàn réngrán xīyǐnzhe

15　大批　毕业生。据　了解，2013　年，国家　公务员　考试　参加者　超过
dàpī bìyèshēng. Jù liǎojiě, èrlíngyīsān nián, guójiā gōngwùyuán kǎoshì cānjiāzhě chāoguò

130　万　人，倍率　为　75　倍，一些　受　欢迎　的　部门，倍率　甚至
yìbǎisānshí wàn rén, bèilǜ wéi qīshiwǔ bèi, yìxiē shòu huānyíng de bùmén, bèilǜ shènzhì

为　几　百　倍。
wéi jǐ bǎi bèi.

为了　帮助　毕业生　尽快　找到　合适　的　工作，各　大学　想方
Wèile bāngzhù bìyèshēng jǐnkuài zhǎodào héshì de gōngzuò, gè dàxué xiǎngfāng

设法　为　学生们　提供　就业　指导　或　用人　信息。学生们　通过
shèfǎ wèi xuéshengmen tígōng jiùyè zhǐdǎo huò yòngrén xìnxī. Xuéshengmen tōngguò

20　参加　人才　招聘会、在　网上　投　简历　等　方式　来　寻求　职业。
cānjiā réncái zhāopìnhuì, zài wǎngshàng tóu jiǎnlì děng fāngshì lái xúnqiú zhíyè.

28 仍然：「"仍"と同じ」　29 了解：「知る」　30 尽快：「できるだけ早く」　31 合适：「合う。ふさわしい」
32 想方设法：「あれこれ方法を考える」　33 信息：「情報」　34 人才：「人材」　35 招聘：「募集する」
36 投：「送る。出す」　37 简历：「履歴書」　38 寻求：「探し求める」

文法のポイント

1 一～就…

「～すると、すぐに…」という前後関係を表す。

不　少　大学生　从　一　入学　就　开始　思考　毕业　后　的　去向　问题。
Bù shǎo dàxuéshēng cóng yī rùxué jiù kāishǐ sīkǎo bìyè hòu de qùxiàng wèntí.

確認ドリル　日本語の文になるように、単語を並べ換えなさい。

(1) 私は聞くとすぐ分かった。

明白　听　了　我　就　一
míngbai　tīng　le　wǒ　jiù　yī

(2) 彼は横になるとすぐに寝てしまった。

了　他　着　就　下　一　睡　躺
le　tā　zháo　jiù　xià　yī　shuì　tǎng

2 否定の語気を強める副詞 "并"

"并"は否定を表す"不"や"没有"などの前に置かれ、「決して」「べつに」という否定の語気を強調する役割を果たす。

找　工作　并　不　容易。
Zhǎo gōngzuò bìng bù róngyì.

確認ドリル　日本語の文になるように、単語を並べ換えなさい。

(1) 彼はべつに私に教えてくれなかった。

我　没有　告诉　并　他
wǒ　méiyou　gàosu　bìng　tā

(2) この文は少し長いけれども、決して難しくない。

并　但是　文章　难　这　有点儿　虽然　篇　长　不
bìng　dànshì　wénzhāng　nán　zhè　yǒudiǎnr　suīrán　piān　cháng　bù

3 "尽管～但（是）…"

「～だけれども…」という逆接の関係を表す。"虽然～但（是）…"と同じ。

尽管　公务员　考试　难度　非常　大，但　仍然　吸引着　大批　毕业生。
Jǐnguǎn gōngwùyuán kǎoshì nándù fēicháng dà, dàn réngrán xīyǐnzhe dàpī bìyèshēng.

確認ドリル　日本語の文になるように、単語を並べ換えなさい。

(1) もう立秋なのに、まだかなり暑い。

但是　了　热　立秋　天气　尽管　相当　已经　还
dànshì le rè lìqiū tiānqì jǐnguǎn xiāngdāng yǐjīng hái

(2) 私はあなたを助けてあげたいが、しかし私には力がない。

力量　我　我　但是　尽管　帮助　没有　愿意　你
lìliang wǒ wǒ dànshì jǐnguǎn bāngzhù méiyǒu yuànyì nǐ

読解のコツ　句読点などの記号

文中の停頓や区切りを示す句読点などの記号を中国語で"标点符号 biāodiǎn fúhào"と言う。主なものの用法は以下の通りである。

名称	記号	用法	用例
句号 jùhào	。	平叙文の文末につける。	我要吃饺子。
问号 wènhào	?	疑問文の文末につける。	你喝什么?
叹号 tànhào	!	感嘆文の文末につける。	多好啊!
逗号 dòuhào	,	文中に置かれ、停頓を示す。	公务员工作稳定，又有社会地位。
顿号 dùnhào	、	並列を示す。	政府机关、事业单位、大型国有企业、外资企业仍是学生们择业时的首选。
分号 fēnhào	;	複文で、並列する単文の間に用いる。	这里的条件不太理想；那里的条件则很好。
冒号 màohào	:	次に文や説明が来ることを示す。	她说："可以。"
引号 yǐnhào	""	会話などの引用や強調する語につける。	这种办法叫"ＡＡ制"。
破折号 pòzhéhào	——	説明を加えたり、同格であることを示すときに用いる。	在4月5日——清明节，他去扫墓了。
省略号 shěnglüèhào	……	省略を示す。	听音乐、看小说、打乒乓球……我都喜欢。
书名号 shūmínghào	《》	書名や新聞雑誌名に用いる。	《西游记》《人民日报》

練習問題

1 本文の内容に合うものは、どれでしょう。

① 中国大学生不用思考毕业后的去向问题。

② 现在大学毕业生找工作比较容易。

③ 学生们择业时的首选不是政府机关。

④ 2013年国家公务员考试的倍率是75倍。

2 次の文の空欄を埋めるのに適当なものは、どれでしょう。

(1) 那家拉面店很受欢迎，（　）周末排队的人很多。

(2) 也有一些人（　）职业介绍所来找工作。

(3) 随便找个工作（　）不难，不过，要找到合适的工作也不容易。

(随便 suíbiàn：勝手に)

(4) 这个地方一直流传（　）这样一个故事。

　　① 着　　② 都　　③ 就　　④ 并　　⑤ 通过　　⑥ 尤其是

3 （　）に適切な"标点符号"をつけましょう。

① 广场上人真多呀（　　　）

② 你不是说借给我那本书吗（　　　）

③ 她很喜欢看（　　　）三国演义（　　　）。

④ 我喜欢喝咖啡（　　　）红茶和绿茶（　　　）不喜欢喝花茶（　　　）

4 質問を聞き取り、（　）を埋め、本文の内容に即して答えましょう。　🎧 💿
　　　　　　　　　　　　　　　　　　　　　　　　　　　　　　　　　DL 30　CD 30

① 質問　大学生（　　　）主要有哪三种（　　　）？

　　答え _____

② 質問　大学毕业生（　　　）找工作（　　　）？

　　答え _____

③ 質問　选择职业（　　　），学生们比较（　　　）的是什么？

　　答え _____

④ 質問　为了帮助毕业生尽快找到（　　　）工作，各大学为学生们（　　　）什么？

　　答え _____

第6课 结婚
jiéhūn

中国 有 句 古话¹，叫"男 大 当² 婚，女 大 当 嫁"，意思
Zhōngguó yǒu jù gǔhuà, jiào "Nán dà dāng hūn, nǚ dà dāng jià", yìsi

是 说，无论³ 是 男孩子 还是 女孩子，年龄 大 了 都 应该 结婚。
shì shuō, wúlùn shì nánháizi háishi nǚháizi, niánlíng dà le dōu yīnggāi jiéhūn.

恋爱、结婚 是 一生 中 的 大事，所以 在 中国，出于⁴ 关心
Liàn'ài, jiéhūn shì yìshēng zhōng de dàshì, suǒyǐ zài Zhōngguó, chūyú guānxīn

对方⁵ 的 想法，即使⁶ 对 不 太 熟悉⁷ 的 年轻人⁸，也 经常⁹ 会¹⁰
duìfāng de xiǎngfa, jíshǐ duì bú tài shúxi de niánqīngrén, yě jīngcháng huì

5　发出 "你 有 对象¹¹ 吗"、"你 结婚 了 吗" 之 类 的 提问¹²。
fāchū "Nǐ yǒu duìxiàng ma"、"Nǐ jiéhūn le ma" zhī lèi de tíwèn.

中国 的 年轻人 一般 通过 什么 方式 找 对象 呢? 当然，
Zhōngguó de niánqīngrén yìbān tōngguò shénme fāngshì zhǎo duìxiàng ne? Dāngrán,

回答 是 各种各样¹³ 的。一般 来 说，在 大学 或 工作 单位，
huídá shì gè zhǒng gè yàng de. Yìbān lái shuō, zài dàxué huò gōngzuò dānwèi,

同学、同事¹⁴ 之间 的 自由 恋爱 比较 普遍¹⁵，另外¹⁶，通过 亲戚
tóngxué, tóngshì zhījiān de zìyóu liàn'ài bǐjiào pǔbiàn, lìngwài, tōngguò qīnqi

朋友 的 介绍 找到 对象 的 人 也 不 少。近年，利用 交友¹⁷
péngyou de jièshào zhǎodào duìxiàng de rén yě bù shǎo. Jìnnián, lìyòng jiāoyǒu

10　网站 找 对象 的 人 也 越来越 多。
wǎngzhàn zhǎo duìxiàng de rén yě yuè lái yuè duō.

大家 可能¹⁸ 在 电视 上 也 看到过，上海 等 城市 的 部分¹⁹
Dàjiā kěnéng zài diànshì shang yě kàndàoguo, Shànghǎi děng chéngshì de bùfen

公园 里，经常 有 一些 老年人 拿着 儿女²⁰ 的 照片 或 简历，
gōngyuán li, jīngcháng yǒu yìxiē lǎoniánrén názhe érnǚ de zhàopiàn huò jiǎnlì,

在 为 儿女 相亲²¹。他们 大多 都 是 那些 忙于²² 工作，不 太
zài wèi érnǚ xiāngqīn. Tāmen dàduō dōu shì nàxiē mángyú gōngzuò, bú tài

新出单语

¹ 古话:「昔から伝わることわざ」　² 当:「～すべきである」　³ 无论:「～にかかわらず」　⁴ 出于:「～による」
⁵ 对方:「相手」　⁶ 即使:「たとえ～でも」　⁷ 熟悉:「よく知っている」　⁸ 年轻人:「若者」　⁹ 经常:「よく」
¹⁰ 会:「～するはずである。」　¹¹ 对象:「(結婚の) 相手」　¹² 提问:「質問 (する)」　¹³ 各种各样:「さまざまな」
¹⁴ 同事:「同僚」　¹⁵ 普遍:「普遍的である」　¹⁶ 另外:「そのほかに」　¹⁷ 交友:「友達になる」
¹⁸ 可能:「～かもしれない」　¹⁹ 部分:「一部の」　²⁰ 儿女:「息子と娘。子供」
²¹ 相亲:「見合いをする。結婚相手の品定めをする」　²² 忙于:「～のために忙しい」　²³ 顾及:「～にまで気を配る」

顾及²³ 个人 问题²⁴ 的 所谓²⁵"大龄青年²⁶" 的 父母。
gùjí gèrén wèntí de suǒwèi "dàlíng qīngnián" de fùmǔ.

15　年轻人 找 对象，过去 比较 讲究²⁷"门当 户对²⁸"，现在 随着
　　Niánqīngrén zhǎo duìxiàng, guòqù bǐjiào jiǎngjiu "méndāng hùduì", xiànzài suízhe

价值观 的 多样化，已经 很 难 下 结论²⁹ 了。不过，男的 仍
jiàzhíguān de duōyànghuà, yǐjīng hěn nán xià jiélùn le. Búguò, nánde réng

希望 女方 漂亮、温柔³⁰、贤惠³¹。女的 则³² 希望 男方 既 英俊³³ 又 有
xīwàng nǚfāng piàoliang, wēnróu, xiánhuì. Nǚde zé xīwàng nánfāng jì yīngjùn yòu yǒu

经济 实力，所谓 "高 富 帅³⁴" 正 是 不 少 女孩子 择偶³⁵ 时 的
jīngjì shílì, suǒwèi "gāo fù shuài" zhèng shì bù shǎo nǚháizi zé'ǒu shí de

标准³⁶。
biāozhǔn.

²⁴ **个人问题**：「結婚のこと」　²⁵ **所谓**：「いわゆる」　²⁶ **大龄青年**：「適齢期を過ぎた未婚の男女」
²⁷ **讲究**：「重んじる。こだわる」　²⁸ **门当户对**：「(結婚する双方の) 家柄がつり合っている」
²⁹ **下结论**：「結論を下す」　³⁰ **温柔**：「優しい」　³¹ **贤惠**：「気立てがよくて賢い」　³² **则**：「〜の方は」
³³ **英俊**「男前である」　³⁴ **帅**：「(男性が) かっこいい」　³⁵ **择偶**：「配偶者を選ぶ」　³⁶ **标准**：「基準」

文法のポイント

1 无论～都（也）…

「～にかかわらず…」という条件関係を表す。

> 无论　是　男孩子　还是　女孩子，年龄　大　了　都　应该　结婚。
> Wúlùn shì nánháizi háishi nǚháizi, niánlíng dà le dōu yīnggāi jiéhūn.

確認ドリル　日本語の文になるように、単語を並べ換えなさい。

(1) どんなに大きな困難があっても、私たちは克服できる。

> 克服　无论　能　有　也　多　我们　大　困难　的
> kèfú wúlùn néng yǒu yě duō wǒmen dà kùnnan de

(2) どんな事が起きても、冷静さを保たなくてはならない。

> 保持　发生　要　什么　冷静　都　无论　事情
> bǎochí fāshēng yào shénme lěngjìng dōu wúlùn shìqing

2 即使～也…

「たとえ～でも…」という譲歩関係を表す。

> 即使　对　不　太　熟悉　的　人，也　经常　会　提问。
> Jíshǐ duì bú tài shúxi de rén, yě jīngcháng huì tíwèn.

確認ドリル　日本語の文になるように、単語を並べ換えなさい。

(1) たとえ明日雨が降っても、私たちはディズニーランドに遊びに行くつもりだ。

> 迪士尼乐园　即使　要　下雨　玩儿　明天　去　也　我们
> Díshìní Lèyuán jíshǐ yào xià yǔ wánr míngtiān qù yě wǒmen

(2) たとえ言い間違えても、大丈夫です。

> 错　不要紧　了　也　即使　说
> cuò búyàojǐn le yě jíshǐ shuō

3 状態を表す"了"

動態助詞の"了"には、動作や行為を行った結果が続いている状態にあることを表す用法がある。

你 结婚 了 吗？
Nǐ jiéhūn le ma?

確認ドリル 日本語の文になるように、単語を並べ換えなさい。

（1）我が家はネコを一匹飼っている。

了 猫 养 只 我 一 家
le māo yǎng zhī wǒ yī jiā

（2）私の時計は2分進んでいる。

两 的 了 手表 钟 我 分 快
liǎng de le shǒubiǎo zhōng wǒ fēn kuài

読解のコツ　動態助詞について

　動詞の後に付いて完了を表す"了"、持続を表す"着"、経験を表す"过"などを動態助詞という。これらの助詞が表す動作の状態は、過去、現在、未来という時の流れとは直接関係がない。"我下了课，就回家。"（私は授業が終わったら、家に帰る）という文の"下了"は未来の時点での完了を表している。「動詞＋"了"」を日本語に訳すとき、いつも「～した」とするわけにはいかず、"你结婚了吗？"は「あなたは結婚しましたか」ではなく、「結婚していますか」となる。

　「動詞＋"过"」も常に「～したことがある」となるとは限らない。"咱们吃过午饭，再走吧。"は「昼食を済ませてから行こう」であって、「食べたことがある」ではない。

　"了、着、过"などの動態助詞を見つければ、その前にある述語の主な成分である動詞をきちんと押さえることができる。

練習問題

1 本文の内容に合うものは、どれでしょう。

① 中国人不会对不太熟悉的人问"你结婚了吗"之类的问题。

② 中国的年轻人也通过亲戚朋友的介绍来找对象。

③ 在中国没有父母为儿女相亲的。

④ 年轻人找对象现在还很讲究"门当户对"。

2 次の文の空欄を埋めるのに適当なものは、どれでしょう。（複数回使う語もある）

(1)（　　）父母反对，我（　　）要去海外留学。

(2)（　　）多么忙，他每天（　　）坚持跑步。（坚持 jiānchí：がんばって続ける）

(3) 通过交友网站找对象的人好像（　　）多了。

(4)（　　）现在马上去，（　　）来不及了。（来不及 láibují：間に合わない）

① 无论～都…　② 虽然～但是…　③ 即使～也…
④ 不得不～　⑤ 越来越～　⑥ 一～就…

3 （　）には"了""着""过"のどれが入るでしょう。

① 他的信我已经看（　　　）了。

② 爷爷在沙发上坐（　　　）呢。（沙发 shāfā：ソファー）

③ 这本小说描述（　　　）一个爱情故事。（描述 miáoshù：描く）

④ 我还没去（　　　）上海。

4 質問を聞き取り、（　）を埋め、本文の内容に即して答えましょう。

① 質問　"男大当婚，女大当嫁"是（　　　　）？

　　答え _____

② 質問　中国的（　　　）一般通过什么方式（　　　）？

　　答え _____

③ 質問　上海等城市的（　　　）里经常有一些老年人拿着儿女的（　　　）或简历在相亲。他们都是谁的父母？

　　答え _____

④ 質問　找对象时男的（　　　）女方（　　　）？

　　答え _____

第7课 月光族[1]
yuèguāngzú

随着 经济 的 发展，人们 的 生活 水平 越 来 越 高，消费
Suízhe jīngjì de fāzhǎn, rénmen de shēnghuó shuǐpíng yuè lái yuè gāo, xiāofèi

观念[2] 也 发生了 很 大 变化。对 过去 一向[3] 节俭[4] 的 老年人[5] 来
guānniàn yě fāshēngle hěn dà biànhuà. Duì guòqù yíxiàng jiéjiǎn de lǎoniánrén lái

说，他们 最 看不惯[6] 的 是 "月光族"。
shuō, tāmen zuì kànbuguàn de shì "yuèguāngzú".

所谓 "月光族"，是 指 那些 把 每 个 月 的 收入 都 用光、
Suǒwèi "yuèguāngzú", shì zhǐ nàxiē bǎ měi ge yuè de shōurù dōu yòngguāng,

5 花光[7] 的 人 或 群体[8]。这 也 是 相对于[9] 努力 攒[10] 钱 的 所谓
huāguāng de rén huò qúntǐ. Zhè yě shì xiāngduìyú nǔlì zǎn qián de suǒwèi

"储蓄族[11]" 而 言 的。
"chǔxùzú" ér yán de.

当然，"月光族" 一般 都 是 有 知识、有 能力，又 有 一定[12]
Dāngrán, "yuèguāngzú" yìbān dōu shì yǒu zhīshi, yǒu nénglì, yòu yǒu yídìng

固定 收入 的 年青 一代[13]。他们 与 父辈[14] 勤俭[15] 节约[16] 的 消费
gùdìng shōurù de niánqīng yídài. Tāmen yǔ fùbèi qínjiǎn jiéyuē de xiāofèi

观念 不 同，思想 开放，追求 时尚，喜欢 什么 就 买 什么，想
guānniàn bù tóng, sīxiǎng kāifàng, zhuīqiú shíshàng, xǐhuan shénme jiù mǎi shénme, xiǎng

10 吃 什么 就 吃 什么，从[17] 不在乎[18] 钱财[19]。他们 的 信条[20] 是 "钱
chī shénme jiù chī shénme, cóng búzàihu qiáncái. Tāmen de xìntiáo shì "Qián

不 是 省出来 的，只有[21] 能 花 才[22] 更 能 赚[23]"。
bú shì shěngchūlai de, zhǐyǒu néng huā cái gèng néng zhuàn".

对 商家[24] 来 说，"月光族" 当然 是 最 好 的 消费者，因为
Duì shāngjiā lái shuō, "yuèguāngzú" dāngrán shì zuì hǎo de xiāofèizhě, yīnwei

他们 有 强烈 的 消费 欲望，而且 喜欢 尝试[25] 新 东西，如 新款[26]
tāmen yǒu qiángliè de xiāofèi yùwàng, érqiě xǐhuan chángshì xīn dōngxi, rú xīnkuǎn

新出単語

[1] 月光族：「ひと月の給料を使い切ってしまう人」　[2] 观念：「観念。考え方」　[3] 一向：「これまでずっと」
[4] 节俭：「質素である。つましい」　[5] 老年人：「老人」　[6] 看不惯：「気にくわない。目障りである」
[7] 花：「使う。費やす」　[8] 群体：「集合体。グループ」　[9] 相对于：「〜に対して」　[10] 攒：「貯める」
[11] 储蓄族：「貯蓄族」　[12] 一定：「ある程度」　[13] 年青一代：「若者世代」　[14] 父辈：「父親の世代」
[15] 勤俭：「勤勉でつましい」　[16] 节约：「節約する」　[17] 从：「これまで」　[18] 不在乎：「気にしない」
[19] 钱财：「金銭」　[20] 信条：「信条」　[21] 只有：「〜してこそ」　[22] 才：「やっと」　[23] 赚：「稼ぐ」

服装、新款化妆品、新式美食等,引导流行趋势的发展。

15 但对父母来说,"月光族"又是他们忧虑的问题。大部分人也都认为,年轻时,"月光族"的想法还可以理解,但是随着年龄的增长,"月月花光"的做法不可取,尤其是结婚成家之后,家庭计划经济,合理理财,十分重要。

20 但愿"月光族"将来不会成为"啃老族"。

24 **商家**:「商人」　25 **尝试**:「試す」　26 **新款**:「新しいデザイン。新型」　27 **美食**:「美味しい食べ物」
28 **引导**:「導く」　29 **趋势**:「趨勢。動向」　30 **忧虑**:「憂慮する。心配する」　31 **想法**:「考え方」
32 **做法**「やり方」　33 **可取**:「採用できる」　34 **成家**:「家庭を持つ」　35 **理财**:「資産を管理運用する」
36 **但愿**:「ただ〜を願うのみである」　37 **啃老族**:「すねかじり族」

文法のポイント

1 "把"構文

動作を通じて目的語に何らかの処置を加えたり、影響を与えたりすることを表す場合、"把"構文を用いる。

主語	+	"把"	+	目的語	+	動詞	+	その他の成分（補語など）
他 Tā		把 bǎ		每个月的收入 měi ge yuè de shōurù		花 huā		光。 guāng.

確認ドリル 日本語の文になるように、単語を並べ換えなさい。

(1) 彼女は部屋をきれいに掃除した。

干净　　屋子　　了　　把　　打扫　　她
gānjìng　wūzi　le　bǎ　dǎsǎo　tā

(2) お醤油を取ってください。

我　　酱油　　请　　拿　　把　　给
wǒ　jiàngyóu　qǐng　ná　bǎ　gěi

2 疑問詞の特殊な用法

同じ疑問詞を前後で呼応させ、後ろの疑問詞は前の疑問詞が指すものと同じものを表している。

喜欢　什么　就　买　什么。
Xǐhuan shénme jiù mǎi shénme.

「何が好きなら、その何を買う」→「何でも好きなものを買う」

谁　赢　了，谁　就　能　参加　决赛。
Shéi yíng le, shéi jiù néng cānjiā juésài.

「誰が勝った、誰が決勝戦に出られる」→「勝った方が決勝戦に出られる」

確認ドリル 日本語の文になるように、単語を並べ換えなさい。

(1) あなたの書きたいように書きなさい。

写　　写　　怎么　　怎么　　你　　就　　想
xiě　xiě　zěnme　zěnme　nǐ　jiù　xiǎng

(2) あなたが必要なだけ取りなさい。

就　　你　　拿　　要　　多少　　多少
jiù　nǐ　ná　yào　duōshao　duōshao

3 只有～才…

「～してこそ、はじめて（やっと）…」という条件関係を表す。

> 只有 能 花 才 更 能 赚。
> Zhǐyǒu néng huā cái gèng néng zhuàn.

確認ドリル 日本語の文になるように、単語を並べ換えなさい。

(1) 繰り返し練習してこそ外国語をマスターできる。

才　练习　学好　只有　能　外语　反复
cái　liànxí　xuéhǎo　zhǐyǒu　néng　wàiyǔ　fǎnfù

(2) あなたは自分で行ってこそあそこの状況がわかる。

的　自己　情况　能　那里　才　你　去　只有　了解
de　zìjǐ　qíngkuàng　néng　nàli　cái　nǐ　qù　zhǐyǒu　liǎojiě

読解のコツ　可能補語

　本文中の"看不惯"は動詞"看"と結果補語"惯"の間に"不"を入れた可能補語の否定形である。ほとんどの辞書が"看不惯"を一つの単語として扱っており、「"看不惯"＝気にくわない」と覚えておいて一向にさしつかえない。しかし、この語のもとの形が「動詞＋結果補語」であることは知っておく必要がある。可能補語は補語が表す意味によってそのニュアンスが変わって来る。たとえば、同じ「食べられない」にしても次のように意味の違いを生じる。

山区人民吃不上新鲜的鱼。（物がなくて「ありつけない」）

这么多菜我一个人吃不了。（多すぎて「食べきれない」）

那个菜太贵，我吃不起。（お金がなくて「食べられない」）

吃撑了，再也吃不下了。（お腹がいっぱいで「入らない」）

　また、"吃不开"（通用しない）"吃不消"（がまんできない）"吃不住"（持ちこたえられない）などは一つの語としてその用法を覚える必要がある。

練習問題

1 本文の内容に合うものは、どれでしょう。

① 老年人最看不惯月光族。

② 月光族的消费观念跟父辈的差不多一样。

③ 月光族对商家来说不是好的消费者。

④ 大家都认为月光族的做法老了之后也是可取的。

2 次の文の空欄を埋めるのに適当なものは、どれでしょう。

(1) 请（　　）行李放在这儿吧。（行李 xíngli：旅行用の荷物）

(2) 我的想法（　　）你的不同。

(3) 这种手表（　　）到专卖店去，（　　）能修理。

(4) 明天开运动会，（　　）天不会下雨。

① 虽然～但是…　　② 因为～所以…　　③ 但愿　　④ 只有～才…
⑤ 把　　　　　　⑥ 与

3 日本語の文になるように、単語を並べ換えなさい。

① 彼は非常に傲慢で、誰でもバカにする。
　　看不起　　他　　都　　骄傲　　谁　　非常
　　kànbuqǐ　　tā　　dōu　　jiāo'ào　　shéi　　fēicháng

② 黒板の字が小さすぎて、私は見えません。
不　小　我　上　看　太　黒板　见　字　的
bù　xiǎo　wǒ　shang　kàn　tài　hēibǎn　jiàn　zì　de

_____

③ あなたは12時前に帰って来られますか。
来　以前　吗　回　点　你　十二　得
lái　yǐqián　ma　huí　diǎn　nǐ　shí'èr　de

_____

④ 今行っても恐らく買えないでしょう。
到　吧　去　不　恐怕　买　现在
dào　ba　qù　bù　kǒngpà　mǎi　xiànzài

_____

4 質問を聞き取り、（　）を埋め、本文の内容に即して答えましょう。

① 質問　月光族是指（　　　）的人？

　　答え _____

② 質問　月光族（　　　）钱财吗？

　　答え _____

③ 質問　月光族的（　　　）欲望怎么样？

　　答え _____

④ 質問　希望月光族将来不会（　　　）什么？

　　答え _____

第8课　接待[1] 培训[2]
jiēdài　péixùn

　　在 申办[3] 东京 2020 年 奥运会[4] 时，日本 代表 展示[5]的 "日本式
Zài shēnbàn Dōngjīng èrlíng'èrlíng nián Àoyùnhuì shí, Rìběn dàibiǎo zhǎnshì de "Rìběnshì

接待" 赢得[6]了 好评，成为 东京 申办 成功 的 重要 因素[7]之 一。
jiēdài" yíngdéle hǎopíng, chéngwéi Dōngjīng shēnbàn chénggōng de zhòngyào yīnsù zhī yī.

的确，日本 的 接待 服务[8]是 非常 好 的。来 日本 旅游 的 外国人
Díquè, Rìběn de jiēdài fúwù shì fēicháng hǎo de. Lái Rìběn lǚyóu de wàiguórén

大多 认为 日本 最 好 的 就 是 服务。
dàduō rènwéi Rìběn zuì hǎo de jiù shì fúwù.

5　　和 日本 相比[9]，中国 在 服务 方面 还 存在着 很 多 问题。
Hé Rìběn xiāngbǐ, Zhōngguó zài fúwù fāngmiàn hái cúnzàizhe hěn duō wèntí.

日本 的 服务 很 值得[10] 中国 学习。
Rìběn de fúwù hěn zhíde Zhōngguó xuéxí.

　　在 中国，不 少 行业[11] 借鉴[12] 日本 的 经验，开始 重视 对
Zài Zhōngguó, bù shǎo hángyè jièjiàn Rìběn de jīngyàn, kāishǐ zhòngshì duì

员工[13] 的 服务 培训。一些 服务 行业 的 店铺，早上 营业 之前，
yuángōng de fúwù péixùn. Yìxiē fúwù hángyè de diànpù, zǎoshang yíngyè zhīqián,

总是[14] 先 进行 接待 服务 培训。如 大声 问候[15]、复述[16] 企业 宗旨[17]
zǒngshì xiān jìnxíng jiēdài fúwù péixùn. Rú dàshēng wènhòu, fùshù qǐyè zōngzhǐ

10 等，目的 在于[18] 强化 员工 的 服务 意识，提高 服务 质量[19]。
děng, mùdì zàiyú qiánghuà yuángōng de fúwù yìshi, tígāo fúwù zhìliàng.

　　多年 来，房地产[20]、汽车 等 销售 部门 竞争 十分 激烈[21]，为了
Duōnián lái, fángdìchǎn, qìchē děng xiāoshòu bùmén jìngzhēng shífēn jīliè, wèile

在 竞争 中 获胜[22]，这些 部门 对 员工 的 培训 通常 都 很
zài jìngzhēng zhōng huòshèng, zhèxiē bùmén duì yuángōng de péixùn tōngcháng dōu hěn

严格[23]，而且 有 一 套[24] 相应 的 接待 礼仪 规范[25]。如 日常 接待
yángé, érqiě yǒu yí tào xiāngyìng de jiēdài lǐyí guīfàn. Rú rìcháng jiēdài

新出単語

[1] 接待：「接待する。もてなす」　[2] 培训：「訓練する」　[3] 申办：「開催を申請する」　[4] 奥运会：「オリンピック」
[5] 展示：「はっきりと示す」　[6] 赢得：「勝ち取る」　[7] 因素：「要因」　[8] 服务：「サービス（する）」
[9] 相比：「比べる」　[10] 值得：「～する価値がある」　[11] 行业：「業種」　[12] 借鉴：「手本にする」
[13] 员工：「従業員」　[14] 总是：「いつも」　[15] 问候：「あいさつする」　[16] 复述：「復唱する」　[17] 宗旨：「モットー」
[18] 在于：「～にある」　[19] 质量：「質」　[20] 房地产：「不動産」　[21] 激烈：「激しい」　[22] 获胜：「勝利を得る」
[23] 严格：「厳しい」　[24] 套：「セットの物を数える量詞」　[25] 规范：「決まり」

时，首先 要 向 客户²⁶ 表示 问候，然后 递上²⁷ 名片²⁸，并 客气²⁹
shí, shǒuxiān yào xiàng kèhù biǎoshì wènhòu, ránhòu dìshàng míngpiàn, bìng kèqi

15 地 询问³⁰ 对方 的 称呼³¹："请问，先生（小姐）怎么 称呼？" 去 机场
de xúnwèn duìfāng de chēnghu: "Qǐngwèn, xiānsheng (xiǎojiě) zěnme chēnghu?" Qù jīchǎng

或 车站 接 人 时，要 亲切³² 地 问候："您 好！辛苦 了。旅途
huò chēzhàn jiē rén shí, yào qīnqiè de wènhòu: "Nín hǎo! Xīnkǔ le. Lǚtú

怎么样？" 同时 还 要 主动 帮助 客人 拿 行李、安排³³ 食宿³⁴ 等。
zěnmeyàng?" Tóngshí hái yào zhǔdòng bāngzhù kèrén ná xíngli, ānpái shísù děng.

近年，有的 销售 部门 为了 让³⁵ 员工 树立³⁶ "客户 至上³⁷" 的
Jìnnián, yǒude xiāoshòu bùmén wèile ràng yuángōng shùlì "kèhù zhìshàng" de

思想，培训 时，甚至 要求 员工 跪着³⁸ 爬行³⁹，结果 在 社会 上
sīxiǎng, péixùn shí, shènzhì yāoqiú yuángōng guìzhe páxíng, jiéguǒ zài shèhuì shang

20 引起⁴⁰ 争论⁴¹。
yǐnqǐ zhēnglùn.

²⁶ 客户：「顧客」 ²⁷ 递：「手渡す」 ²⁸ 名片：「名刺」 ²⁹ 客气：「遠慮深い。丁寧である」 ³⁰ 询问：「尋ねる」
³¹ 称呼：「呼称。呼び方」 ³² 亲切：「親しみがある」 ³³ 安排：「手配する」 ³⁴ 食宿：「食事と宿泊」
³⁵ 让：「～させる」 ³⁶ 树立：「打ち立てる」 ³⁷ 至上：「至上である」 ³⁸ 跪：「ひざまずく」 ³⁹ 爬行：「はう」
⁴⁰ 引起：「引き起こす」 ⁴¹ 争论：「論争（する）」

文法のポイント

1 持続を表す動態助詞 "着"

存在着 很 多 问题
cúnzàizhe hěn duō wèntí

動詞1 ＋ "着" ＋ 動詞2（～している状態で…する）

跪　　　着　　　爬行
guì　　zhe　　páxíng

確認ドリル　日本語の文になるように、単語を並べ換えなさい。

(1) 彼女は赤いセーターを着ている。

毛衣　着　红　穿　她
máoyī　zhe　hóng　chuān　tā

(2) 笑いながら門に入り、泣きながら門を出る。

门　门　着　着　哭　笑　出　进
mén　mén　zhe　zhe　kū　xiào　chū　jìn

2 疑問詞 "怎么" の二つの用法

"怎么" には方法を尋ねる「どのように」と、原因あるいは理由を尋ねる「どうして」の意味がある。

怎么 称呼？
Zěnme chēnghu?

他 怎么 没 来？
Tā zěnme méi lái?

確認ドリル　日本語の文になるように、単語を並べ換えなさい。

(1) お伺いします。駅へはどう行くのでしょう。

怎么　请问　车站　走　去
zěnme　qǐngwèn　chēzhàn　zǒu　qù

(2) 今日はどうしてこんなに暑いのでしょう。

热　今天　这么　怎么
rè　jīntiān　zhème　zěnme

3 兼語文

前の動詞の目的語と後の動詞（句）の主語を兼ねる語が兼語で、兼語を含む文が兼語文である。

有的　销售　部门　让　员工　树立"客户至上"的　思想。
Yǒude　xiāoshòu　bùmén　ràng　yuángōng　shùlì　"kèhù zhìshàng" de　sīxiǎng.

確認ドリル　日本語の文になるように、単語を並べ換えなさい。

(1) 両親は私をアメリカへ留学に行かせたがっている。

美国　让　去　想　留学　父母　我
Měiguó　ràng　qù　xiǎng　liúxué　fùmǔ　wǒ

(2) ちょっと考えさせてください。

吧　一　让　想　我　想
ba　yī　ràng　xiǎng　wǒ　xiǎng

読解のコツ　"一字多音"

中国語を表記する漢字は、一つの字は基本的に一つの読み方であり、日本語に音読みと訓読みがあるのと比べて学習上の負担は少ないと言える。しかし「1字1音」の原則に反して、二つ以上の読み方がある字もある。

还：① 副詞として用いるときは"hái"と発音する。
　　② 「帰る」「返す」という意味の動詞として用いるときは"huán"と発音する。

了：① 助詞として用いるときは"le"と発音する。
　　② 可能補語として用いるときは"liǎo"と発音する。

着：① 動態助詞として用いるときは"zhe"と発音する。
　　② "着火"（火事になる）"着凉"（風邪をひく）などというときは"zháo"と発音する。
　　③ "着手"（着手する）"着想"（考える）などというときは"zhuó"と発音する。

品詞によって発音が異なる字があるので、文の構造に注意する必要がある。

練習問題

1 本文の内容に合うものは、どれでしょう。

① 日本的接待服务不太好。

② 中国的接待服务比日本好得多。

③ 多年来销售部门对员工的培训通常都很严格。

④ 有些销售部门不想让员工树立"客户至上"的思想。

2 次の文の空欄を埋めるのに適当なものは、どれでしょう。（複数回使う語もある）

(1) 你是从中国哪儿来（　　）？　来（　　）多长时间（　　）？

(2) 我看到他房间门开（　　），桌子（　　）放（　　）电脑。

(3) 食堂里人很多，有的坐（　　）吃饭，有的站（　　）聊天儿，还有的手里拿（　　）手机在玩游戏。

(4) 我觉得这家咖啡馆最好（　　）不是咖啡，而是服务。

　　　　　① 着　　② 了　　③ 过　　④ 的　　⑤ 上　　⑥ 在

3 （　）に直前の語のピンインを入れましょう。

(1) 我已经写完了（　　　）明天交的报告。

(2) 这么多的工作我一个人干不了（　　　）。

(3) 爸爸还（　　　）没回来。

(4) 那本书我明天还（　　　）给你。

4 質問を聞き取り、（　）を埋め、本文の内容に即して答えましょう。

① 質問　东京申办 2020 年奥运会（　　　）的重要（　　　）之一是什么？

　　答え _____

② 質問　在中国，不少行业借鉴日本的（　　　），开始（　　　）什么？

　　答え _____

③ 質問　多年来，中国（　　　）哪些部门（　　　）激烈？

　　答え _____

④ 質問　近年有的销售部门（　　　）员工跪着爬行，（　　　）怎么样了？

　　答え _____

第9课　节能 环保、低碳 生活

"节能 环保、低碳 生活"已 成为 当今 社会 的 热门 话题。因为 它 代表了 一 种 新 的 生活 方式。大家 都 知道，中国 是 一 个 人口 大国，也 是 能源 消耗 大国，在 中国 提倡 这 种 生活 方式 意义 更 大。

有 人 认为 现代 生活 少不了 汽车。当然，有 汽车 方便 是 方便，但是 开车 既 浪费 石油 等 能源，又 不利于 环境 保护，所以，日常 生活 或 工作 时，应该 尽量 少 开车，多 利用 公共 交通。

在 诸多 能源 中，水 和 电 是 我们 日常 生活 不可 缺少 的 东西。因此，无论 在 家 里 还是 在 外边，都 应该 节约 用 水、用 电。常用 的 电脑、打印机 以及 电视机、空调、洗衣机、微波炉 等 家用 电器，在 待机 状态 下 仍 在 耗 电，所以，不 用 时，尽量 关上 电源。另外，平时 应该 少 用 电梯 和

新出単語

1. **节能**：「"节约能源"（エネルギーを節約する）の略。省エネ」　2. **低碳**：「二酸化炭素排出量が少ない」
3. **当今**：「現代」　4. **热门**：「注目されている。ホットな」　5. **消耗**：「消耗する」　6. **提倡**：「提唱する」
7. **少不了**：「欠かせない」　8. **不利**：「不利である」　9. **尽量**：「できるだけ」　10. **诸多**：「多くの」
11. **不可**：「〜できない」　12. **缺少**：「欠く」　13. **打印机**：「プリンター」　14. **空调**：「エアコン」
15. **洗衣机**：「洗濯機」　16. **微波炉**：「電子レンジ」　17. **家用电器**：「家庭用電気製品」　18. **耗**：「消費する」
19. **关**：「(スイッチを) 切る」　20. **电梯**：「エレベーター」

自动 扶梯[21]，多 走路，并 养成[22] 随手[23] 关 灯 的 习惯。
zìdòng fútī, duō zǒulù, bìng yǎngchéng suíshǒu guān dēng de xíguàn.

森林 是 地球 最 宝贵[24] 的 财富[25]，节约 用 纸 和 木制 消耗品
Sēnlín shì dìqiú zuì bǎoguì de cáifù, jiéyuē yòng zhǐ hé mùzhì xiāohàopǐn

也 是 在 保护 森林。现在，已 有 不 少 人 外出 时，总是
yě shì zài bǎohù sēnlín. Xiànzài, yǐ yǒu bù shǎo rén wàichū shí, zǒngshì

携带 自己 的 水杯[26] 等 用具，尽量 不 使用 一次性[27] 杯子 或
xiédài zìjǐ de shuǐbēi děng yòngjù, jǐnliàng bù shǐyòng yícìxìng bēizi huò

筷子[28]。
kuàizi.

"少 开 一 天 车，节约 一 滴 水、一 度[29] 电，少 用 一 个
"Shǎo kāi yì tiān chē, jiéyuē yì dī shuǐ, yí dù diàn, shǎo yòng yí ge

塑料袋[30] 或 一 双[31] 方便筷[32]"。只要[33] 有 这样 的 意识，就 能 做到
sùliàodài huò yì shuāng fāngbiànkuài". Zhǐyào yǒu zhèyàng de yìshi, jiù néng zuòdào

"节能 环保、低碳 生活"。
"jiénéng huánbǎo, dītàn shēnghuó".

[21] **自动扶梯**：「エスカレーター」　[22] **养成**：「(習慣を) つける」　[23] **随手**：「ついでに。すぐその後で」
[24] **宝贵**：「貴重である」　[25] **财富**：「財産」　[26] **水杯**：「コップ。ボトル」　[27] **一次性**：「1 回だけの。使い捨ての」
[28] **筷子**：「箸」　[29] **度**：「キロワット時」　[30] **塑料袋**：「ポリ袋」　[31] **双**：「ペアになっている物を数える量詞」
[32] **方便筷**：「使い捨ての箸。割箸」　[33] **只要**：「～しさえすれば」

文法のポイント

1 A 是 A，但是（不过）～

「A は A だけれども、しかし～」という譲歩と逆説の関係を表す。

有 汽车 方便 是 方便，但是 开车 既 浪费 石油 等 能源，
Yǒu qìchē fāngbiàn shì fāngbiàn, dànshì kāichē jì làngfèi shíyóu děng néngyuán,

又 不利于 环境 保护。
yòu búlìyú huánjìng bǎohù.

確認ドリル 日本語の文になるように、単語を並べ換えなさい。

(1) 物はいいことはいいが、値段が高すぎる。

贵 东西 太 是 价钱 好 好 但是
guì dōngxi tài shì jiàqian hǎo hǎo dànshì

(2) 文章を書いたことは書いたが、私はあまり満足していない。

了 不过 写 写 满意 文章 太 是 不 我
le búguò xiě xiě mǎnyì wénzhāng tài shì bù wǒ

2 方向補語 "上" の派生的な用法

もともと動作が下から上に向かって行われることを表す方向補語 "上" は、動作の完成などのいろいろな結果を表す補語としても常用される。

关上 电源
guānshàng diànyuán

確認ドリル 日本語の文になるように、単語を並べ換えなさい。

(1) どうぞお名前をお書きください。

的 请 您 写 名字 上
de qǐng nín xiě míngzi shàng

(2) 彼と連絡が取れましたか。

吗 跟 上 他 了 你 联系
ma gēn shàng tā le nǐ liánxì

3 只要～就…

「～しさえすれば…」という条件関係を表す。

只要 有 这样 的意识，就 能 做到 "节能 环保、低碳 生活"。
Zhǐyào yǒu zhèyàng de yìshi, jiù néng zuòdào "jiénéng huánbǎo, dītàn shēnghuó".

確認ドリル 日本語の文になるように、単語を並べ換えなさい。

(1) 努力して学びさえすれば、必ず中国語をマスターできる。

一定　汉语　只要　能　就　努力　学好　学习
yídìng　Hànyǔ　zhǐyào　néng　jiù　nǔlì　xuéhǎo　xuéxí

_____

(2) 時間がありさえすれば、彼らはすぐにマージャンをする。

麻将　时间　就　有　打　只要　他们
májiàng　shíjiān　jiù　yǒu　dǎ　zhǐyào　tāmen

_____

読解のコツ　語と語の組み合わせ

中国語には時制による動詞の変化などはないが、動詞と目的語あるいは名詞と形容詞の組み合わせ（中国語で"搭配"という）をとても重視する。次のような常用語の"搭配"の関係をたくさん覚えることが中国語上達のコツである。

养成　习惯（習慣をつける）
yǎngchéng　xíguàn

起　作用（役割を果たす）
qǐ　zuòyòng

了解　情况（様子を知る）
liǎojiě　qíngkuàng

造成　损失（被害をもたらす）
zàochéng　sǔnshī

量　大（量が多い）
liàng　dà

性格 开朗（性格が明るい）
xìnggé kāilǎng

刀　快（ナイフが切れる）
dāo　kuài

能力　强（能力が優れている）
nénglì　qiáng

練習問題

1 本文の内容に合うものは、どれでしょう。

① 在中国提倡低碳生活方式没什么意义。

② 日常生活或工作时，最好少开车，多利用公共交通。

③ 不用养成随手关灯的习惯。

④ 节约用纸和木制消耗品并不是在保护森林。

2 次の文の空欄を埋めるのに適当なものは、どれでしょう。

(1) （　　）他总是带着自己的水杯，（　　）很少用一次性杯子。

(2) 法语我学过（　　）学过，（　　）差不多都忘了。（差不多 chàbuduō：ほとんど）

(3) （　　）明天不下雨，我们（　　）开运动会。

(4) （　　）是在家里还是在外边，（　　）应该养成节约用水的习惯。

① 无论～都…　　② 因为～所以…　　③ 虽然～但是…

④ 只要～就…　　⑤ ～是～，不过…　　⑥ 尽管～但是…

3 中国語で言ってみましょう。

① 何の役割も果さない。
　_____

② 仕事の量がとても多い。
　_____

③ 当地の様子を知る。（当地：当地 dāngdì）
　_____

④ 早起きの習慣をつける。（早起き：早起 zǎo qǐ）
　_____

4 質問を聞き取り、（　）を埋め、本文の内容に即して答えましょう。

① 質問　"节能环保、低碳生活"为什么已经成为（　　　）社会的热门（　　　）？

　　答え　_____

② 質問　开车有利于环境（　　　）吗？

　　答え　_____

③ 質問　为什么要（　　　）用水、用电？

　　答え　_____

④ 質問　当今有不少人（　　　）时，总是携带什么？

　　答え　_____

第10课 情人节[1]
Qíngrénjié

每年2月14日是情人节。情人节又叫"圣瓦伦丁节[2]"或"圣华伦泰节"，它本是西方[3]的传统节日[4]之一，但现在中国的年轻人也喜欢过这个节了。因为它代表了人类永恒[5]的话题——爱情和浪漫[6]，男女可以借此互送礼物[7]来表达[8]爱情或友好。

在日本，女性送给男性巧克力[9]，而男性在一个月后的"白色情人节[10]"回礼[11]表示[12]心意[13]似乎[14]已成定式，这大概[15]与商家的炒作[16]有关。

在中国，一般是男性送给女性礼物，如玫瑰花[17]、首饰[18]等，以表示心爱[19]之意。对此，女性也要有所表示。通常，相思相爱[20]中的青年男女都会选择比较浪漫的地方约会[21]，或者利用手机[22]互相发送祝福语[23]。当然，也有特意[24]选择这一天向对方求婚的。

新出単語

[1] 情人节：「バレンタインデー」　[2] 圣瓦伦丁节：「セント・バレンタインデー」　[3] 西方：「西洋」
[4] 节日：「祝祭日」　[5] 永恒：「永久不変である」　[6] 浪漫：「ロマンチックな」　[7] 礼物：「プレゼントの品」
[8] 表达：「表す」　[9] 巧克力：「チョコレート」　[10] 白色情人节：「ホワイトデー」　[11] 回礼：「お返しをする」
[12] 心意：「気持ち」　[13] 似乎：「～のようである」　[14] 定式：「定まったパターン」　[15] 大概：「たぶん」
[16] 炒作：「メディアを利用してブームを煽る」　[17] 玫瑰花：「バラ」　[18] 首饰：「アクセサリー」
[19] 心爱：「心から愛する」　[20] 相思相爱：「相思相爱である」　[21] 约会：「デートする」　[22] 手机：「携帯電話」

有些 男性 还 把 花束 送到 女性 单位 或 学校。不 知 是
Yǒuxiē nánxìng hái bǎ huāshù sòngdào nǚxìng dānwèi huò xuéxiào. Bù zhī shì

15 故意²⁵ 炫耀²⁶ 还是 什么，有的 女性 则 把 鲜花 拿给 周围 的 人
gùyì xuànyào háishi shéme, yǒude nǚxìng zé bǎ xiānhuā nágěi zhōuwéi de rén

看，好像²⁷ 在 说 我 是 多么 受 男性 喜爱。
kàn, hǎoxiàng zài shuō wǒ shì duōme shòu nánxìng xǐ'ài.

每 年 一 到 情人节，各 花店 就 会 准备 充足²⁸ 的 玫瑰花，
Měi nián yí dào Qíngrénjié, gè huādiàn jiù huì zhǔnbèi chōngzú de méiguihuā,

等待²⁹ 男士们 选购³⁰。各 大 商场，尤其 是 网上 商店 更 是 瞄准³¹
děngdài nánshìmen xuǎngòu. Gè dà shāngchǎng, yóuqí shì wǎngshàng shāngdiàn gèng shì miáozhǔn

这 一 商机³², 及时 推出³³ 各式 各样³⁴ 的 情人节 礼品。可以 说，
zhè yī shāngjī, jíshí tuīchū gèshì gèyàng de Qíngrénjié lǐpǐn. Kěyǐ shuō,

20 商家 之间 的 情人节 商战 是 愈演 愈烈³⁵。
shāngjiā zhījiān de Qíngrénjié shāngzhàn shì yùyǎn yùliè.

²³ 祝福语:「お祝いの言葉」 ²⁴ 特意:「わざわざ」 ²⁵ 故意:「故意に」 ²⁶ 炫耀:「ひけらかす」
²⁷ 好像:「〜のようである」 ²⁸ 充足:「十分である」 ²⁹ 等待:「待つ」 ³⁰ 选购:「選択して購入する」
³¹ 瞄准「照準を合わせる。狙いを定める」 ³² 商机:「ビジネス・チャンス」 ³³ 推出:「(新商品などを) 出す」
³⁴ 各式各样:「いろいろな」 ³⁵ 愈演愈烈:「ますます激しくなる」

文法のポイント　DL 63　CD 63

1 前後の動詞句をつなげる"来"

前の動詞句は方法を、後の動詞句は目的を表す。

男女　可以　借　此　互　送　礼物　来　表达　爱情　或　友好。
Nánnǚ　kěyǐ　jiè　cǐ　hù　sòng　lǐwù　lái　biǎodá　àiqíng　huò　yǒuhǎo.

確認ドリル　日本語の文になるように、単語を並べ換えなさい。

(1) 私たちはギョーザを作って彼をお祝いしましょう。

他　饺子　吧　来　包　我们　祝贺
tā　jiǎozi　ba　lái　bāo　wǒmen　zhùhè

（祝贺 zhùhè：祝う）

(2) あなたはどんなやり方でこの問題を解決するつもりですか。

用　这个　你　来　问题　准备　办法　解决　什么
yòng　zhèige　nǐ　lái　wèntí　zhǔnbèi　bànfǎ　jiějué　shénme

2 二つの目的語を取る動詞

動詞 ＋	間接目的語（〜に） ＋	直接目的語（…を）
送给 sònggěi	女性 nǚxìng	礼物 lǐwù

李　老师　教　我们　汉语。
Lǐ　lǎoshī　jiāo　wǒmen　Hànyǔ.

確認ドリル　日本語の文になるように、単語を並べ換えなさい。

(1) 私は先生に一つ質問したい。

个　我　问题　问　一　老师　要
ge　wǒ　wèntí　wèn　yī　lǎoshī　yào

(2) 彼女の電話番号を教えてください。

电话　号码　告诉　她　我　请　的
diànhuà　hàomǎ　gàosu　tā　wǒ　qǐng　de

3 愈～愈…

"越～越…"と同じで、「～すればするほど、ますます…」という意味を表す。

朋友 愈 多 愈 好。
Péngyou yù duō yù hǎo.

確認ドリル　日本語の文になるように、単語を並べ換えなさい。

(1) 風がますます強くなってきた。

大 风 刮 愈 愈
dà fēng guā yù yù

(2) この小説を私は読めば読むほど好きになった。

越 越 本 喜欢 小说 我 这 看
yuè yuè běn xǐhuan xiǎoshuō wǒ zhè kàn

読解のコツ　文脈を読むことの大切さ

　文意を理解する上で最も重要なのはコンテキスト、文脈である。"而"はいろいろな意味を表す書面語の接続詞で、本文中にある"女性送给男性巧克力，而男性在一个月后回礼。"の"而"は、「そして」という順接の意味を表している。しかし、"我不是不想看，而是没有时间。"（私は見たくないのではなく、時間がないのです）の"而"は「しかし」という逆接の意味を表している。前後の関係を理解するカギはあくまでも文脈なのである。

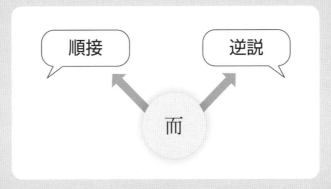

練習問題

1 本文の内容に合うものは、どれでしょう。

① 情人节本是中国的传统节日。

② 在日本情人节送巧克力的习惯跟商家炒作没有关系。

③ 中国男性在情人节一般送给女性礼物。

④ 现在商家并不重视情人节。

2 次の文の空欄を埋めるのに適当なものは、どれでしょう。

(1) 我（　　）茶代酒，向你表示祝贺。

(2) 昨天他带（　　）我一封信，还送（　　）孩子们一些礼物。

(3) 他们用写信的方式（　　）表达各自的感情。

(4) 我建议（　　）我们的友谊，干杯！（建议 jiànyì：提案する，友谊 yǒuyì：友情）

　　　　① 为　　② 给　　③ 来　　④ 做　　⑤ 以　　⑥ 去

3 次の文の"而"はどういう意味でしょう。

① 这种黄瓜不是在温室里长的，而是露天长的。　　答え _____

② 我为你找到好工作而高兴。　　答え _____

③ 他因病而缺席。　　答え _____

④ 问题不在数量少，而在质量不好。　　答え _____

4 質問を聞き取り、（　　）を埋め、本文の内容に即して答えましょう。

① 質問　2月14日是什么（　　　）？

　　答え _____

② 質問　在日本情人节女性送给男性什么（　　　）？

　　答え _____

③ 質問　在中国相思相爱的（　　　）男女会选择什么样的（　　　）约会？

　　答え _____

④ 質問　近年来商家（　　　）的情人节商战怎么样？

　　答え _____

第11课 低头族¹
dītóuzú

你 听说过 "低头族" 这个 词 吗？日常 生活 中，到处² 可以
Nǐ tīngshuōguo "dītóuzú" zhèige cí ma? Rìcháng shēnghuó zhōng, dàochù kěyǐ

看到 手 里 拿着 手机 或 平板 电脑³，低着 头，全神 贯注⁴ 地
kàndào shǒu li názhe shǒujī huò píngbǎn diànnǎo, dīzhe tóu, quánshén guànzhù de

盯着⁵ 那 一 方⁶ 小 屏幕⁷ 的 人。这 种 人 就 属于⁸ 所谓 的
dīngzhe nà yì fāng xiǎo píngmù de rén. Zhè zhǒng rén jiù shǔyú suǒwèi de

"低头族"。如今，地铁 或 公交车 里 的 上班族⁹ 几乎¹⁰ 个个 都
"dītóuzú". Rújīn, dìtiě huò gōngjiāochē li de shàngbānzú jīhū gègè dōu

5 是 "低头族"。
shì "dītóuzú".

随着 智能型 手机¹¹ 等 装置 的 普及，地球 正在 变 得 越
Suízhe zhìnéngxíng shǒujī děng zhuāngzhì de pǔjí, dìqiú zhèngzài biàn de yuè

来 越 小，人们 的 生活 也 更加¹² 方便。但是，不 得 不 承认¹³ 手机
lái yuè xiǎo, rénmen de shēnghuó yě gèngjiā fāngbiàn. Dànshì, bù dé bù chéngrèn shǒujī

也 带来了 一些 危害¹⁴，尤其 是 过度 依赖¹⁵ 手机 的 "低头族"
yě dàilaile yìxiē wēihài, yóuqí shì guòdù yīlài shǒujī de "dītóuzú"

已 成为 备¹⁶ 受 关注¹⁷ 的 社会 问题。近年 来，由¹⁸ "低头族" 引发¹⁹
yǐ chéngwéi bèi shòu guānzhù de shèhuì wèntí. Jìnnián lái, yóu "dītóuzú" yǐnfā

10 的 交通 事故 接连 不断²⁰，长 时间 低头 导致²¹ 视力 下降 或
de jiāotōng shìgù jiēlián búduàn, cháng shíjiān dītóu dǎozhì shìlì xiàjiàng huò

患 颈椎病²² 的 人 也 明显 增多。
huàn jǐngzhuībìng de rén yě míngxiǎn zēngduō.

同时，无形²³ 中 "低头族" 还 加剧了²⁴ 信息化 时代 的 冷漠²⁵。
Tóngshí, wúxíng zhōng "dītóuzú" hái jiājùle xìnxīhuà shídài de lěngmò.

"朋友 聚会²⁶ 越 来 越 没 意思，大家 好不容易²⁷ 坐在 一起，而
"Péngyou jùhuì yuè lái yuè méi yìsi, dàjiā hǎoburóngyì zuòzài yìqǐ, ér

新出単語

1 低头族：「うつむき族」　2 到处：「至る所」　3 平板电脑：「タブレット」　4 全神贯注：「全神経を集中する」
5 盯：「見つめる」　6 方：「四角い」　7 屏幕：「画面」　8 属于：「〜に属する」
9 上班族：「通勤族。サラリーマン」　10 几乎：「ほとんど」　11 智能型手机：「スマートフォン」
12 更加：「いっそう」　13 承认：「認める」　14 危害：「危害。損害」　15 依赖：「頼る。依存する」
16 备：「十分に」　17 关注：「関心を持つ」　18 由：「〜によって」　19 引发：「引き起こす」
20 接连不断：「絶えない」　21 导致：「(悪い結果を) もたらす」　22 颈椎：「頸椎」

不少 人 却 在 低头 玩 手机"，最近 常 有 人 发 这样 的
bù shǎo rén què zài dītóu wán shǒujī", zuìjìn cháng yǒu rén fā zhèyàng de

15 牢骚。
láosao.

另外，在 中国， 通常 周末 或 节假日， 父母 会 带着 孩子
Lìngwài, zài Zhōngguó, tōngcháng zhōumò huò jiéjiàrì, fùmǔ huì dàizhe háizi

去 看 爷爷、奶奶 或 老爷、姥姥，老人们 更 是 盼望着 见到
qù kàn yéye, nǎinai huò lǎoye, lǎolao, lǎorénmen gèng shì pànwàngzhe jiàndào

孩子。可是， 一家人 团圆 后， 常常 是 孩子 的 爸妈 分别 拿出
háizi. Kěshì, yìjiārén tuányuán hòu, chángcháng shì háizi de bàmā fēnbié náchū

手机 看 微博，孩子 则 拿着 平板 电脑 玩 游戏，很 少 与
shǒujī kàn wēibó, háizi zé názhe píngbǎn diànnǎo wán yóuxì, hěn shǎo yǔ

20 老人们 说话。本 应 是 热热闹闹 的 家庭 团圆 一下子 变 得
lǎorénmen shuōhuà. Běn yīng shì rèrenàonào de jiātíng tuányuán yíxiàzi biàn de

冷冷清清。可想而知， 老人们 是 多么 失望 啊！
lěnglengqīngqīng. Kěxiǎng'érzhī, lǎorénmen shì duōme shīwàng a!

23 **无形**：「無形の。目に見えない」 24 **加剧**：「激化させる」 25 **冷漠**：「冷淡である」 26 **聚会**：「集まる」
27 **好不容易**：「やっとのことで」 28 **发牢骚**：「不平を言う」 29 **老爷**：「外祖父」 30 **姥姥**：「外祖母」
31 **盼望**：「待ち望む」 32 **分别**：「それぞれ」 33 **微博**：「中国版ツイッター」
34 **应**：「～すべきである。"应该"と同じ」 35 **热闹**：「にぎやかである」 36 **一下子**：「すぐに。急に」
37 **冷清**：「冷淡である」 38 **可想而知**：「推して知るべし」 39 **多么**：「なんと」

文法のポイント 🎧 DL 69 CD 69

1 副詞 "几乎"

「ほとんど」という意味を表す。

几乎 个个 都 是 "低头族"。
Jīhū gègè dōu shì "dītóuzú".

確認ドリル 日本語の文になるように、単語を並べ換えなさい。

(1) 私たちのクラスのほとんど全ての人がみなケータイを持っている。

手机 我们 有 里 都 几乎 人 的 所有 班
shǒujī wǒmen yǒu li dōu jīhū rén de suǒyǒu bān

(2) 彼女は感動のあまりほとんど泣きだしそうだった。

要 得 哭 她 几乎 了 激动
yào de kū tā jīhū le jīdòng

2 介詞 "由"

動作や行為の主体を導き「〜によって」という意味を表す。

由 "低头族" 引发 的 交通 事故 接连 不断。
Yóu "dītóuzú" yǐnfā de jiāotōng shìgù jiēlián búduàn.

確認ドリル 日本語の文になるように、単語を並べ換えなさい。

(1) 今日の会議は彼が司会をする。

他 的 由 今天 主持 会议
tā de yóu jīntiān zhǔchí huìyì

(2) 費用は会社が負担する。

负担 费用 公司 由
fùdān fèiyòng gōngsī yóu

3 感嘆文

"多(么)～啊"（なんと～だろう）

老人们 是 多么 失望 啊！
Lǎorénmen shì duōme shīwàng a!

確認ドリル 日本語の文になるように、単語を並べ換えなさい。

(1) この子はなんと勇敢なのだろう。

勇敢　孩子　啊　这　多么
yǒnggǎn　háizi　a　zhè　duōme

_____

(2) ここの夜景はなんと美しいのだろう。

啊　这儿　美丽　的　多么　夜景
a　zhèr　měilì　de　duōme　yèjǐng

_____

読解のコツ　副詞"就"の用法

動詞(句)の前に置かれ、時間的に「はやく」、空間的に「近くに」という意味を表す"就"は中国語で最も多用される副詞の一つである。しかし、いつも「"就"＝すぐに」と考えてはいけない。本文の"这种人就属于所谓的'低头族'。"の"就"は「ほかでもない」「とりもなおさず」という限定する意味を表している。また、"如果有机会，我就去。"と言うべきところを、"就我去"と言う人がいるが、「副詞は動詞(句)の前に置く」という原則を忘れてはならない。次に"就"の主な用法を挙げる。

① 「すぐに。間もなく」：他们明年三月就要毕业了。

② 「すでに。もう」：新产品十点开始发售，他们五点就来排队了。

③ 「近くに」：托儿所就在公司附近。

④ 「〜ならば」：你要多少就拿多少。

⑤ 「ほかでもない」：他就是我们学校的校长。

⑥ 「〜だけ」：大家都来了，就她一个人没来。

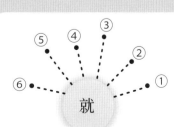

練習問題

1 本文の内容に合うものは、どれでしょう。

① 地铁或者公交车里很少看见"低头族"。

② 智能型手机等装置没有带来什么危害。

③ 长时间低头玩手机会导致视力下降或者患颈椎病。

④ 在中国周末父母不会带着孩子去看爷爷、奶奶。

2 次の文の空欄を埋めるのに適当なものは、どれでしょう。

(1) 长时间使用手机或电脑（　　）眼睛不好。

(2)（　　）大雪导致的交通事故接连不断。

(3) 我平时（　　）去电影院看电影。

(4) 好不容易才找（　　）他的地址。（地址 dìzhǐ：住所）

①又　②对　③向　④由　⑤到　⑥很少

3 次の文の"就"はどういう意味でしょう。

① 请稍等一下，我就来。　　　　　　　　答え _____

② 他的办公室就在楼上。　　　　　　　　答え _____

③ 你愿意去就去吧。　　　　　　　　　　答え _____

④ 他什么都不怕，就怕他老婆。　　　　　答え _____

4 質問を聞き取り、（　）を埋め、本文の内容に即して答えましょう。

① 質問　什么样的（　　　）属于"低头族"？

　　答え _____

② 質問　（　　　）带来了什么样的危害？

　　答え _____

③ 質問　朋友聚会为什么（　　　）没意思？

　　答え _____

④ 質問　一家人团圆后，（　　　）为什么会失望？

　　答え _____

第 12 课　春节
Chūnjié

春节 是 中国 古老¹ 的 传统 节日，也 是 一 年 中 最 热闹
Chūnjié shì Zhōngguó gǔlǎo de chuántǒng jiérì, yě shì yì nián zhōng zuì rènao

的 节日。春节 又 叫 "阴历年" 或 "农历 新年"，俗称² "过年"。通常
de jiérì. Chūnjié yòu jiào "yīnlìnián" huò "nónglì xīnnián", súchēng "guònián". Tōngcháng

要 放 七 天 假³。
yào fàng qī tiān jià.

春节 习俗⁴ 因 地 而 异⁵，不过，大多数 地区 都 流行着 贴⁶
Chūnjié xísú yīn dì ér yì, búguò, dàduōshù dìqū dōu liúxíngzhe tiē

5　春联⁷、放 鞭炮⁸、守岁⁹ 和 拜年¹⁰ 等 习俗。
chūnlián, fàng biānpào, shǒusuì hé bàinián děng xísú.

正月 初 一 的 前 一 天 叫 大年¹¹ 三十，也 叫 除夕¹²，家家
Zhēngyuè chū yī de qián yì tiān jiào dànián sānshí, yě jiào chúxī, jiājiā

户户¹³ 吃 团圆饭¹⁴。在 北方，通常 是 吃 饺子，在 南方，多 是
hùhù chī tuányuánfàn. Zài běifāng, tōngcháng shì chī jiǎozi, zài nánfāng, duō shì

吃 年糕¹⁵ 或 汤圆¹⁶。北方人 喜欢 全家 一起 包 饺子，大家 一边
chī niángāo huò tāngyuán. Běifāngrén xǐhuan quánjiā yìqǐ bāo jiǎozi, dàjiā yìbiān

包，一边¹⁷ 有说 有笑¹⁸，场面 很 热闹，而且 也 体现了¹⁹ 家庭 和睦²⁰。
bāo, yìbiān yǒushuō yǒuxiào, chǎngmiàn hěn rènao, érqiě yě tǐxiànle jiātíng hémù.

10　像 日本 有 "红白 歌合战" 一样²¹，中国 有 春节 联欢 晚会，
Xiàng Rìběn yǒu "Hóngbái Gēhézhàn" yíyàng, Zhōngguó yǒu Chūnjié Liánhuān Wǎnhuì,

简称²² "春晚"。除夕 晚上 收看²³ "春晚" 也 成了 不少 人 的 一 大
jiǎnchēng "Chūnwǎn". Chúxī wǎnshang shōukàn "Chūnwǎn" yě chéngle bù shǎo rén de yí dà

乐事²⁴。进入²⁵ 午夜，鞭炮声²⁶ 便 响个 不 停²⁷。第 二 天 一 大 早，人们
lèshì. Jìnrù wǔyè, biānpàoshēng biàn xiǎng ge bù tíng. Dì èr tiān yí dà zǎo, rénmen

往往²⁸ 给 长辈们²⁹ 拜年，问候 "过年 好"、"给 您 拜年 了"。
wǎngwǎng gěi zhǎngbèimen bàinián, wènhòu "Guònián hǎo", "Gěi nín bàinián le".

新出单语

¹ 古老：「古い」　² 俗称：「俗に～という」　³ 放假：「休みになる」　⁴ 习俗：「風習」
⁵ 因地而异：「土地によって異なる」　⁶ 贴：「貼る」　⁷ 春联：「春聯。春節に門やドアに貼る、めでたい対句を書いたもの」
⁸ 鞭炮：「爆竹」　⁹ 守岁：「旧暦の大晦日の夜に寝ないで新年を迎える」　¹⁰ 拜年：「年始のお祝いを述べる」
¹¹ 大年：「旧正月」　¹² 除夕：「除夜」　¹³ 家家户户：「どの家も」　¹⁴ 团圆饭：「一家そろってする祝いの食事」
¹⁵ 年糕：「もち」　¹⁶ 汤圆：「もち米の粉で作るだんご」　¹⁷ 一边～一边…：「～しながら…する」
¹⁸ 有说有笑：「しゃべったり笑ったりする」　¹⁹ 体现：「体現する。具体的に表す」　²⁰ 和睦：「仲睦まじい」

在 日本，过 新年 参拜³⁰ 神社 好像 是 必 不可 少³¹ 似的³²，
Zài Rìběn, guò xīnnián cānbài shénshè hǎoxiàng shì bì bùkě shǎo shìde,

15 而 在 中国，春节 期间 人们 多 是 走 亲 访 友³³、逛 庙会³⁴ 什么
ér zài Zhōngguó, Chūnjié qījiān rénmen duō shì zǒu qīn fǎng yǒu, guàng miàohuì shénme

的。过年 时，最 高兴 的 当然 是 孩子们。因为 能 从 长辈 那儿
de. Guònián shí, zuì gāoxìng de dāngrán shì háizimen. Yīnwei néng cóng zhǎngbèi nàr

得到 压岁钱³⁵。
dédào yāsuìqián.

为了 和 家人 团聚³⁶，在 城市 工作 或 学习 的 人 总³⁷ 想
Wèile hé jiārén tuánjù, zài chéngshì gōngzuò huò xuéxí de rén zǒng xiǎng

回 老家 过年。这样 就 造成了³⁸ 交通 运输难 问题。为 缓解³⁹ 国内
huí lǎojiā guònián. Zhèyàng jiù zàochéngle jiāotōng yùnshūnán wèntí. Wèi huǎnjiě guónèi

20 "春运⁴⁰" 压力，近年 选择 出国 旅游，或者 提前⁴¹ 把 乡下 父母
"Chūnyùn" yālì, jìnnián xuǎnzé chūguó lǚyóu, huòzhě tíqián bǎ xiāngxià fùmǔ

接到 城 里 来 的 人 逐渐⁴² 增多。
jiēdào chéng li lái de rén zhújiàn zēngduō.

21 像~一样：「まるで~と同じようである」　22 简称：「略称する」　23 收看：「視聴する」　24 乐事：「楽しみ」
25 午夜：「真夜中」　26 便：「すぐに」　27 响个不停：「鳴り止まない」　28 往往：「往々にして」
29 长辈：「年長者」　30 参拜：「参拝する」　31 必不可少：「決して欠かすことができない」
32 似的：「~のようである」　33 走亲访友：「親戚や友人を訪ねる」　34 庙会：「縁日」　35 压岁钱：「お年玉」
36 团聚：「一家団欒する」　37 总：「どうしても」　38 造成：「(悪い) 結果をもたらす」　39 缓解：「緩和する」
40 春运：「春節期間の旅客や貨物の輸送」　41 提前：「事前に」　42 逐渐：「次第に」

文法のポイント

1 一边〜一边…

「〜しながら…する」並列関係を表す。

他们　一边　包　饺子，一边　有说　有笑。
Tāmen yìbiān bāo jiǎozi, yìbiān yǒushuō yǒuxiào.

確認ドリル　日本語の文になるように、単語を並べ換えなさい。

(1) 子供たちは歩きながら歌を歌っている。

唱　　孩子们　　歌儿　　走　　一边　　一边
chàng　háizimen　gēr　　zǒu　　yìbiān　yìbiān

(2) 彼女たちはお茶を飲みながらおしゃべりをしている。

一边　　一边　　聊天儿　　茶　　她们　　喝
yìbiān　yìbiān　liáotiānr　chá　tāmen　hē

2 像（好像）〜一样（似的）

「まるで〜と同じだ（のようだ）」という意味を表す。

像　日本　有　"红白歌合战"　一样
xiàng Rìběn yǒu "Hóngbái Gēhézhàn" yíyàng

確認ドリル　日本語の文になるように、単語を並べ換えなさい。

(1) 彼ら二人はまるで本当の兄弟のようだ。

是　一样　俩　兄弟　他们　亲　像
shì　yíyàng　liǎ　xiōngdì　tāmen　qīn　xiàng

(2) その犬はまるで彼の言葉が分かるかのようだ。

话　条　的　狗　似的　那　懂得　好像　他
huà　tiáo　de　gǒu　shìde　nà　dǒngde　hǎoxiàng　tā

3 "～什么的"

「～など」と列挙するときに用いる。

春节 期间 人们 多 是 走 亲 访友、逛 庙会 什么 的。
Chūnjié qījiān rénmen duō shì zǒu qīn fǎngyǒu, guàng miàohuì shénme de.

確認ドリル 日本語の文になるように、単語を並べ換えなさい。

(1) スキー、水泳、卓球など、私はみな好きです。

喜欢 打乒乓球 都 游泳 我 滑雪 什么的
xǐhuan dǎ pīngpāngqiú dōu yóuyǒng wǒ huáxuě shénme de

_____

(2) 本、ノート、辞典などが机いっぱいに置いてある。

词典 桌子 一 书 了 什么的 本子 摆满
cídiǎn zhuōzi yī shū le shénme de běnzi bǎimǎn

_____

読解のコツ 離合詞

現代中国語で一番多いのは二音節の単語であるが、この二音節単語を構成する語素（意味を有する最小単位）を離して使ったり、つなぎ合わせて使ったりする語を離合詞という。離合詞の大部分は「動詞＋目的語」の構造である。本文中に出て来る"放七天假"の"放假"は、動詞"放"と目的語"假"から構成されている離合詞である。動詞と目的語の間に長い修飾語が挟まっている場合があるが、常用の離合詞を知っていれば容易に理解できる。以下に常用の離合詞を幾つか挙げる。

睡觉、排队、生气、帮忙、结婚、见面、出差、毕业
shuìjiào páiduì shēngqì bāngmáng jiéhūn jiànmiàn chūchāi bìyè

練習問題

1 本文の内容に合うものは、どれでしょう。

① 春节习俗全国都一样。

② 除夕吃团圆饭，在北方通常是吃饺子。

③ 春节期间人们不会外出。

④ 近年在春节之前把乡下父母接到城里来的人越来越少。

2 次の文の空欄を埋めるのに適当なものは、どれでしょう。

(1)（　　）回老家过年，他提前预订了飞机票。（预订 yùdìng：予約する）

(2) 我（　　）在哪儿见过他，但名字怎么也想不起来了。

(3) 这几天他（　　）往常（　　），（　　）有什么心事（　　）。

(往常 wǎngcháng：ふだん，心事 xīnshì：心配事)

(4) 在日本新年（　　）要放一个星期的假。

① 好像～似的　　　② 跟～不同　　　③ 通常

④ 好像　　　　　　⑤ 或者　　　　　⑥ 为了

3 （　　）内の語句を文の適切な位置に入れて、文を完成させましょう。

① 昨天我睡了觉。（八个小时）　_____

② 为了买票我们要排的队。（很长时间）_____

③ 他结过婚。（两次）　_____

④ 其他的事我们见面再说。（了）　_____

4 質問を聞き取り、（　　）を埋め、本文の内容に即して答えましょう。

① 質問　春节通常要（　　　）几天（　　　）？

　　答え　_____

② 質問　"春节联欢（　　　）"简称什么？

　　答え　_____

③ 質問　过年时最高兴的是（　　　）？为什么高兴？

　　答え　_____

④ 質問　春节期间交通情况（　　　）？

　　答え　_____

索 引

語彙	ピンイン	日本語	課

A
安排	ānpái	手配する	8課
奥运会	Àoyùnhuì	オリンピック	8課

B
白色情人节	BáisèQíngrénjié	ホワイトデー	10課
百变小樱	BǎibiànXiǎoyīng	カードキャプターさくら	1課
拜年	bàinián	年始のお祝いを述べる	12課
颁布	bānbù	公布する	3課
扮演	bànyǎn	扮する	1課
帮助	bāngzhù	助ける	2課
榜样	bǎngyàng	模範	1課ポイント
棒球英豪	BàngqiúYīngháo	タッチ	1課
宝贵	bǎoguì	貴重である	9課
备	bèi	十分に（大いに）	11課
必不可少	bì bùkě shǎo	決して欠かすことができない	12課
鞭炮	biānpào	爆竹	12課
便	biàn	すぐに	12課
标准	biāozhǔn	基準	6課
表达	biǎodá	表す	10課
表演	biǎoyǎn	演じる	1課
并	bìng	決して	5課
播	bō	放送する	1課
播放	bōfàng	放映する	1課
不过	búguò	しかし	2課
不利	búlì	不利である	9課
不在乎	búzàihu	気にしない	7課
部	bù	書籍や映画などを数える量詞	1課
不得不	bùdébù	～せざるを得ない	4課
部分	bùfen	一部の	6課
不可	bùkě	～できない	9課
不如	bùrú	～のほうがよい	4課
不知不觉	bùzhībùjué	知らず知らず	2課

C
才	cái	やっと	7課
财富	cáifù	財産	9課
采取	cǎiqǔ	取る	4課
参拜	cānbài	参拝する	12課
差不多	chàbuduō	ほとんど	9課練習
尝试	chángshì	試す	7課
产生	chǎnshēng	生み出す	1課
超过	chāoguò	超える	4課
炒作	chǎozuò	メディアを利用してブームを煽る	10課
称呼	chēnghu	呼称。呼び方	8課
成本	chéngběn	コスト	3課
乘车点	chéngchēdiǎn	乗り場。駅	4課
成家	chéngjiā	家庭を持つ	7課
成群结队	chéngqún jiéduì	群れをなし、隊を組む	1課
承认	chéngrèn	認める	11課
城市	chéngshì	都市	4課
充足	chōngzú	十分である	10課
抽签	chōuqiān	抽選する	4課
除了	chúle	～を除いて	2課
除夕	chúxī	除夜	12課
春联	chūnlián	春聯	12課
春运	chūnyùn	春節期間の旅客や貨物の輸送	12課
出行	chūxíng	出かける	4課
出于	chūyú	～による	6課
储蓄族	chǔxùzú	貯蓄族	7課
从	cóng	これまで	7課

D
打印机	dǎyìnjī	プリンター	9課
大多	dàduō	大部分。大体	3課
大概	dàgài	たぶん	10課
大力	dàlì	大いに力を入れて	4課
大龄青年	dàlíng qīngnián	適齢期を過ぎた未婚の男女	6課
大年	dànián	旧正月	12課
大批	dàpī	大量の。多数の	3課
单位	dānwèi	職場	5課
但愿	dànyuàn	ただ～を願うのみである	7課
当	dāng	～すべきである	6課
当地	dāngdì	当地	9課練習
当今	dāngjīn	現代	9課
导致	dǎozhì	（悪い結果を）もたらす	11課
等待	děngdài	待つ	10課
递	dì	手渡す	8課
低碳	dītàn	二酸化炭素排出量が少ない	9課
低头族	dītóuzú	うつむき族	11課
的确	díquè	確かに	4課
地址	dìzhǐ	住所	11課練習
电视台	diànshìtái	テレビ局	1課
电梯	diàntī	エレベーター	9課
盯	dīng	見つめる	11課
订货	dìnghuò	（商品を）注文する	3課
定式	dìngshì	定まったパターン	10課
动漫	dòngmàn	アニメーションと漫画	1課
独生子女	dúshēng zǐnǚ	一人っ子	2課
堵车	dǔchē	（車が）渋滞する	4課
堵塞	dǔsè	渋滞する	4課
度	dù	キロワット	9課
对方	duìfāng	相手	6課
对手	duìshǒu	ライバル	3課ポイント
对象	duìxiàng	（結婚の）相手	6課
多么	duōme	なんと	11課

E
而	ér	しかし。そして	4課
儿女	érnǚ	息子と娘。子供	6課
而且	érqiě	しかも	2課

F
发牢骚	fāláosao	不平を言う	11課

发展	fāzhǎn	発展させる	4課
翻译	fānyì	翻訳する	1課ポイント
方	fāng	四角い	11課
方便筷	fāngbiànkuài	使い捨ての箸。割箸	9課
房地产	fángdìchǎn	不動産	8課
放假	fàngjià	休みになる	12課
分别	fēnbié	それぞれ	11課
纷纷	fēnfēn	続々と	3課
服务	fúwù	サービス（する）	8課
父辈	fùbèi	父親の世代	7課
复述	fùshù	復唱する	8課

G

刚	gāng	～したばかり	2課
高峰	gāofēng	ピーク	4課
个人问题	gèrén wèntí	結婚のこと	6課
各式各样	gèshì gèyàng	いろいろな	10課
各种各样	gèzhǒng gèyàng	さまざまな	6課
更加	gèngjiā	いっそう	11課
公交车	gōngjiāochē	路線バス	4課
工资	gōngzī	賃金	5課
股	gǔ	ブームなどを数える量詞	1課
古话	gǔhuà	昔から伝わることわざ	6課
古老	gǔlǎo	古い	12課
顾及	gùjí	～にまで気を配る	6課
故意	gùyì	故意に	10課
刮风	guāfēng	風が吹く	4課練習
关	guān	（スイッチを）切る	9課
灌篮高手	Guànlán Gāoshǒu	スラムダンク	1課
观念	guānniàn	観念。考え方	7課
关心	guānxīn	関心を持つ	5課
关注	guānzhù	関心を持つ	11課
管用	guǎnyòng	効き目がある	2課ポイント
逛	guàng	ぶらぶらする	3課
跪	guì	膝まづく	8課
规范	guīfàn	決まり	8課
规律	guīlǜ	規則正しい	2課
过去	guòqù	過去。以前	5課

H

海贼王	Hǎizéiwáng	ワンピース	1課
行业	hángyè	業種	8課
好不容易	hǎoburóngyì	やっとのことで	11課
好处	hǎochù	よいところ。利点	2課
好像	hǎoxiàng	～のようである	10課
好笑	hǎoxiào	おかしい	4課練習
耗	hào	消費する	9課
合理	hélǐ	合理的である	4課
和睦	hémù	仲睦まじい	12課
合适	héshì	合う。ふさわしい	5課
互联网	hùliánwǎng	インターネット	3課
花	huā	使う。費やす	7課
花费	huāfèi	費やす	2課
环保	huánbǎo	環境保護。"环境保护"の略	4課
缓解	huǎnjiě	緩和する	12課
回礼	huílǐ	お返しをする	10課
会	huì	～するはずである。	6課
获胜	huòshèng	勝利を得る	8課

J

几乎	jīhū	ほとんど	11課
激烈	jīliè	激しい	8課
即	jí	すなわち	4課
及时	jíshí	適時に	3課
即使	jíshǐ	たとえ～でも	6課
集体	jítǐ	集団	2課
既～又…	jì~yòu…	～でもあり…でもある	3課
计划生育	jìhuà shēngyù	計画出産	2課
家常便饭	jiācháng biànfàn	日常茶飯事	4課
家家户户	jiājiā hùhù	どの家も	12課
加剧	jiājù	激化させる	11課
加上	jiāshàng	加えて。さらに	3課
家用电器	jiāyòng diànqì	家庭用電気製品	9課
坚持	jiānchí	がんばって続ける	6課練習
简称	jiǎnchēng	略称する	12課
简历	jiǎnlì	履歴書	5課
建议	jiànyì	提案する	10課練習
减轻	jiǎnqīng	軽減する	4課
讲究	jiǎngjiu	重んじる。こだわる	6課
交通工具	jiāotōng gōngjù	交通機関	4課
交友	jiāoyǒu	友達になる	6課
较	jiào	比較的	3課
接待	jiēdài	接待する。もてなす	8課
结实	jiēshi	丈夫である	2課ポイント
节俭	jiéjiǎn	質素である、つましい	7課
节省	jiéshěng	節約する	2課
借鉴	jièjiàn	手本にする	8課
接连不断	jiēlián búduàn	絶えない	11課
节能	jiénéng	"节约能源"（エネルギーを節約する）の略。省エネ	9課
节日	jiérì	祝祭日	10課
节约	jiéyuē	節約する	7課
尽管	jǐnguǎn	～ではあるが	5課
尽快	jǐnkuài	できるだけ早く	5課
尽量	jǐnliàng	できるだけ	9課
经常	jīngcháng	よく	6課
经历	jīnglì	経験	2課
颈椎	jǐngzhuī	頸椎	11課
纠纷	jiūfēn	もめごと	3課
据	jù	～による	5課
句	jù	言葉や文を数える量詞	5課
举办	jǔbàn	開催する	1課
聚会	jùhuì	集まる	11課
据说	jùshuō	～だそうだ	1課
角色	juésè	役柄	1課

K

卡拉OK	kǎlāOK	カラオケ	2課
看不惯	kànbuguàn	気にくわない。目障りである	7課
考	kǎo	試験を受ける	5課
可能	kěnéng	〜かもしれない	6課
啃老族	kěnlǎozú	すねかじり族	7課
可取	kěqǔ	採用できる	7課
可想而知	kěxiǎng'érzhī	推して知るべし	11課
客户	kèhù	顧客	8課
客气	kèqi	遠慮深い、丁寧である	8課
空间	kōngjiān	余地	5課
空调	kōngtiáo	エアコン	9課
筷子	kuàizi	箸	9課

L

来不及	láibují	間に合わない	6課練習
浪漫	làngmàn	ロマンチックな	10課
姥姥	lǎolao	外祖母	11課
老年人	lǎoniánrén	老人	7課
老爷	lǎoye	外祖父	11課
乐事	lèshì	楽しみ	12課
冷漠	lěngmò	冷淡である	11課
冷清	lěngqīng	冷淡である	11課
理财	lǐcái	資産を管理運用する	7課
礼物	lǐwù	プレゼントの品	10課
利于	lìyú	〜にとって利がある	4課
了解	liǎojiě	知る	5課
另外	lìngwài	そのほかに	6課
路程	lùchéng	道のり	4課
论坛	lùntán	論壇、フォーラム	1課

M

忙于	mángyú	〜のために忙しい	6課
玫瑰花	méiguihuā	バラ	10課
美食	měishí	美味しい食べ物	7課
门当户对	méndāng hùduì	(結婚する双方の)家柄がつり合っている	6課
瞄准	miáozhǔn	照準を合わせる。狙いを定める	10課
描述	miáoshù	描く	7課練習
庙会	miàohuì	縁日	12課
名片	míngpiàn	名刺	8課
名侦探柯南	Míngzhēntàn Kēnán	名探偵コナン	1課
磨练	móliàn	鍛える	2課
目前	mùqián	現在	4課

N

闹市区	nàoshìqū	繁華街	1課
年糕	niángāo	もち	12課
年轻人	niánqīngrén	若者	6課
年青一代	niánqīng yídài	若者世代	7課

P

爬行	páxíng	はう	8課
盼望	pànwàng	待ち望む	11課
配送	pèisòng	配送する	3課
培训	péixùn	訓練する	8課
批评	pīpíng	叱る	1課ポイント
平板电脑	píngbǎn diànnǎo	タブレット	11課
屏幕	píngmù	画面	11課
普遍	pǔbiàn	普遍的である	6課

Q

契机	qìjī	契機、きっかけ	1課
钱财	qiáncái	金銭	7課
巧克力	qiǎokèlì	チョコレート	10課
七龙珠	Qīlóngzhū	ドラゴンボール	1課
亲切	qīnqiè	親しみがある	8課
勤俭	qínjiǎn	勤勉でつましい	7課
轻轨电车	qīngguǐ diànchē	ライトレールトランジット、路面電車など	4課
青睐	qīnglài	好む、気に入る	5課
情人节	Qíngrénjié	バレンタインデー	10課
趋势	qūshì	趨勢、動向	7課
去向	qùxiàng	進路	5課
全神贯注	quánshén guànzhù	全神経を集中する	11課
缺乏	quēfá	不足する	3課
缺少	quēshǎo	欠く	9課
群体	qúntǐ	集合体。グループ	7課

R

让	ràng	〜させる	8課
热门	rèmén	注目されている、ホットな	9課
热闹	rènao	にぎやかである	11課
人才	réncái	人材	5課
认识	rènshi	認識する、知る	3課
认为	rènwéi	〜と考える	2課
仍	réng	依然として。やはり	5課
仍然	réngrán	"仍"と同じ	5課
如	rú	例を挙げる	1課
如果	rúguǒ	もしも	4課
如今	rújīn	今	3課

S

沙发	shāfā	ソファー	7課練習
尚	shàng	まだ	5課
上班族	shàngbānzú	通勤族、サラリーマン	11課
商场	shāngchǎng	マーケット、店	3課
商机	shāngjī	ビジネス・チャンス	10課
商家	shāngjiā	商人	7課
上下班	shàngxiàbān	出退勤する	4課
上学	shàngxué	通学する	2課
少不了	shǎobuliǎo	欠かせない	9課
社团活动	shètuánhuódòng	サークル活動	2課
申办	shēnbàn	開催を申請する	8課
渗透	shèntòu	浸透する	1課
甚至	shènzhì	さらには	1課
省	shěng	省く、節約する	3課

圣瓦伦丁节	Shèng Wǎlúndīng Jié	セント・バレンタインデー	10課
十分	shífēn	とても	4課
时尚	shíshàng	流行	1課
食宿	shísù	食事と宿泊	8課
似的	shìde	〜のようである	12課
视觉系	shìjuéxì	ビジュアル系	1課
市容	shìróng	都市の外観	1課
适应下来	shìyìngxiàlai	慣れてくる	2課
室友	shìyǒu	"同屋"と同じ	2課
收看	shōukàn	視聴する	12課
收视率	shōushìlǜ	視聴率	1課
手机	shǒujī	携帯電話	10課
首饰	shǒushi	アクセサリー	10課
首先	shǒuxiān	まず先に	1課
首选	shǒuxuǎn	最初に選ぶ	5課
熟悉	shúxi	よく知っている	6課
熟知	shúzhī	熟知する	3課
属于	shǔyú	〜に属する	11課
树立	shùlì	打ち立てる	8課
帅	shuài	(男性が)かっこいい	6課
双	shuāng	ペアになっている物を数える量詞	9課
水杯	shuǐbēi	コップ。ボトル	9課
水平	shuǐpíng	レベル	1課
守岁	shǒusuì	旧暦の大晦日の夜に寝ないで新年を迎える	12課
思考	sīkǎo	考える	5課
似乎	sìhū	〜のようである	10課
俗称	súchēng	俗に〜という	12課
塑料袋	sùliàodài	ポリ袋	9課
虽然	suīrán	〜だけれども	2課
随便	suíbiàn	勝手に	5課練習
随手	suíshǒu	ついでに。すぐその後で	9課
随着	suízhe	〜につれて	1課
所	suǒ	〜するところの	2課
所谓	suǒwèi	いわゆる	6課

T

汤圆	tāngyuán	もち米の粉で作るだんご	12課
套	tào	セットの物を数える量詞	8課
特意	tèyì	わざわざ	10課
提	tí	話を持ち出す	1課
提倡	tíchàng	提唱する	9課
提高	tígāo	高める	2課
提前	tíqián	事前に	12課
提问	tíwèn	質問(する)	6課
体现	tǐxiàn	体現する。具体的に表す	12課
贴	tiē	貼る	12課
通常	tōngcháng	通常の	2課
通过	tōngguò	〜を通じて	3課
同事	tóngshì	同僚	6課
同屋	tóngwū	ルームメート	2課
投	tóu	送る。出す	5課
投诉	tóusù	クレームをつける	3課
突出	tūchū	際立っている	3課
团聚	tuánjù	一家団欒する	12課
团圆饭	tuányuánfàn	一家そろってする祝いの食事	12課
推出	tuīchū	(新商品などを)出す	10課
退货	tuìhuò	返品する	3課

W

外出	wàichū	外出する	2課
往常	wǎngcháng	ふだん	12課練習
网购	wǎnggòu	"网上购物"の略	3課
网民	wǎngmín	インターネット・ユーザー	3課
网球王子	Wǎngqiú Wángzǐ	テニスの王子様	1課
网上购物	wǎngshàng gòuwù	ネット・ショッピング	3課
往往	wǎngwǎng	往々にして	12課
网站	wǎngzhàn	サイト	3課
微博	wēibó	中国版ツイッター	11課
微波炉	wēibōlú	電子レンジ	9課
危害	wēihài	危害。損害	11課
为〜所…	wéi~suǒ…	〜によって…される	3課
未	wèi	まだ〜していない	5課
为了	wèile	〜のために	4課
稳定	wěndìng	安定している	5課
问候	wènhòu	あいさつする	8課
我行我素	wǒxíng wǒsù	自分のやり方を押し通す	2課
无法	wúfǎ	〜するすべがない	4課
无论	wúlùn	〜にかかわらず	6課
无形	wúxíng	無形の。目に見えない	11課
午夜	wǔyè	真夜中	12課
物美价廉	wùměi jiàlián	品物が良くて値段が安い	3課

X

西方	xīfāng	西洋	10課
吸引	xīyǐn	引きつける	1課
习俗	xísú	風習	12課
洗衣机	xǐyījī	洗濯機	9課
掀起	xiānqǐ	巻き起こす	1課
贤惠	xiánhuì	気立てがよくて賢い	6課
线路	xiànlù	路線	4課
像〜一样	xiàng~yíyàng	まるで〜と同じようである	12課
相比	xiāngbǐ	比べる	8課
相对于	xiāngduìyú	〜に対して	7課
相亲	xiāngqīn	見合いをする。結婚相手の品定めをする	6課
相思相爱	xiāngsī xiāng'ài	相思相愛である	10課
相应	xiāngyìng	相応する。ふさわしい	3課
想法	xiǎngfa	考え方	7課
想方设法	xiǎngfāng shèfǎ	あれこれ方法を考える	5課
响个不停	xiǎng ge bù tíng	鳴り止まない	12課
消耗	xiāohào	消耗する	9課
销售	xiāoshòu	販売する	3課
心爱	xīn'ài	心から愛する	10課
新款	xīnkuǎn	新しいデザイン、新型	7課
心事	xīnshì	心配事	12課練習
心意	xīnyì	気持ち	10課
信条	xìntiáo	信条	7課

信息	xìnxī	情報	5課
行李	xíngli	旅行用の荷物	7課練習
形势	xíngshì	情勢	5課
行走	xíngzǒu	歩く	1課
虚假	xūjiǎ	うその。ニセの	3課
炫耀	xuànyào	ひけらかす	10課
选购	xuǎngòu	選択して購入する	10課
寻求	xúnqiú	探し求める	5課
询问	xúnwèn	尋ねる	8課

Y

压岁钱	yāsuìqián	お年玉	12課
严格	yángé	厳しい	8課
研究生	yánjiūshēng	大学院生	5課
严峻	yánjùn	厳しい	5課
养成	yǎngchéng	(習慣を)つける	9課
摇号	yáohào	番号による抽選	4課
一~就…	yī~jiù…	~すると、すぐに…	5課
依然	yīrán	依然として	5課
一次性	yícìxìng	1回だけの。使い捨ての	9課
一定	yídìng	ある程度	7課
一向	yíxiàng	これまでずっと	7課
一下子	yíxiàzi	すぐに。急に	11課
已	yǐ	すでに。"已经"と同じ	1課
以	yǐ	~をもって	1課
以	yǐ	それによって…する	4課
一般	yìbān	普通である	2課
一边~一边…	yìbiān~yìbiān…	~しながら…する	12課
一直	yìzhí	ずっと	2課
因此	yīncǐ	それゆえ	3課
因地而异	yīn dì ér yì	土地によって異なる	12課
因素	yīnsù	要因	8課
因为	yīnwei	~のために	1課
引导	yǐndǎo	導く	7課
引发	yǐnfā	引き起こす	11課
引进	yǐnjìn	導入する	1課
引起	yǐnqǐ	引き起こす	8課
应 yīng		~すべきである。"应该"と同じ	11課
英俊	yīngjùn	男前である	6課
赢得	yíngdé	勝ち取る	8課
影像	yǐngxiàng	映像	3課
应运	yìngyùn	時勢に順応する	3課
拥挤	yōngjǐ	混み合う	4課
永恒	yǒnghéng	永久不変である	10課
用人	yòngrén	雇用する	5課
忧虑	yōulǜ	憂慮する。心配する	7課
由	yóu	~によって	11課
尤其	yóuqí	とりわけ	1課
由于	yóuyú	~により。~なので	3課
有关	yǒuguān	関係がある	1課
有说有笑	yǒushuō yǒuxiào	しゃべったり笑ったりする	12課
有限	yǒuxiàn	限りがある	4課
友谊	yǒuyì	友情	10課練習
遇到	yùdào	出くわす	4課
预订	yùdìng	予約する	12課練習
愈演愈烈	yùyǎn yùliè	ますます激しくなる	10課
员工	yuángōng	従業員	8課
约会	yuēhuì	デートする	10課
月光族	yuèguāngzú	ひと月の給料を使い切ってしまう人	7課
越来越	yuè lái yuè	ますます~になる	1課

Z

在于	zàiyú	~にある	8課
攒	zǎn	貯める	7課
造成	zàochéng	(悪い)結果をもたらす	12課
早起	zǎo qǐ	早起き	9課練習
早已	zǎoyǐ	とっくに	1課
则	zé	~の方は	6課
择偶	zé'ǒu	配偶者を選ぶ	6課
择业	zéyè	職業を選択する	5課
增长	zēngzhǎng	増やす	2課
展示	zhǎnshì	はっきりと示す	8課
长辈	zhǎngbèi	年長者	12課
招聘	zhāopìn	募集する	5課
争论	zhēnglùn	論争(する)	8課
征求	zhēngqiú	広く求める	4課ポイント
支付	zhīfù	支払う	3課
值得	zhíde	~する価値がある	8課
职业	zhíyè	職	5課
只要	zhǐyào	~しさえすれば	9課
只有	zhǐyǒu	~してこそ	7課
质量	zhìliàng	質	8課
智能型手机	zhìnéngxíng shǒujī	スマートフォン	11課
至上	zhìshàng	至上である	8課
志愿者	zhìyuànzhě	ボランティア	2課
诸多	zhūduō	多くの	9課
逐渐	zhújiàn	次第に	12課
祝福语	zhùfúyǔ	お祝いの言葉	10課
祝贺	zhùhè	祝う	10課ポイント
住校	zhùxiào	学校の寮に住む	2課
赚	zhuàn	稼ぐ	7課
自~起	zì~qǐ	~から	3課
自动扶梯	zìdòng fútī	エスカレーター	9課
自我	zìwǒ	自分で	5課
宗旨	zōngzhǐ	モットー	8課
总	zǒng	どうしても	12課
总是	zǒngshì	いつも	8課
总体	zǒngtǐ	全体	5課
总之	zǒngzhī	要するに	1課
走亲访友	zǒuqīn fǎngyǒu	親戚や友人を訪ねる	12課
做法	zuòfǎ	やり方	7課
作息	zuòxī	仕事(学習)と休憩	2課

著　者
　　本間　史
　　張　明傑

表紙デザイン
　　(株)欧友社

イラスト
　　和田　かおり

中国語読解のコツ

2015年1月9日　初版発行
2024年2月20日　第5刷発行

　　著　者　Ⓒ本間　史
　　　　　　　張　明傑
　　発行者　　福岡正人
　　発行所　　株式会社　金星堂

〒101-0051　東京都千代田区神田神保町 3-21
　　　　Tel. 03-3263-3828　Fax. 03-3263-0716
　　　　E-mail : text@kinsei-do.co.jp
　　　　URL : http://www.kinsei-do.co.jp

編集担当　川井義大　　　　　　　　　　2-00-0697
組版／株式会社欧友社　印刷・製本／倉敷印刷株式会社
本書の無断複製・複写は著作権法上での例外を除き禁じられています。本書を代行業者等の第三者に依頼してスキャンやデジタル化することは、たとえ個人や家庭内の利用であっても認められておりません。
乱丁・落丁本はお取り替えいたします。
KINSEIDO, 2015, Printed in Japan
ISBN978-4-7647-0697-2 C1087